Antje Hebe

Das große Hunde-Horoskop

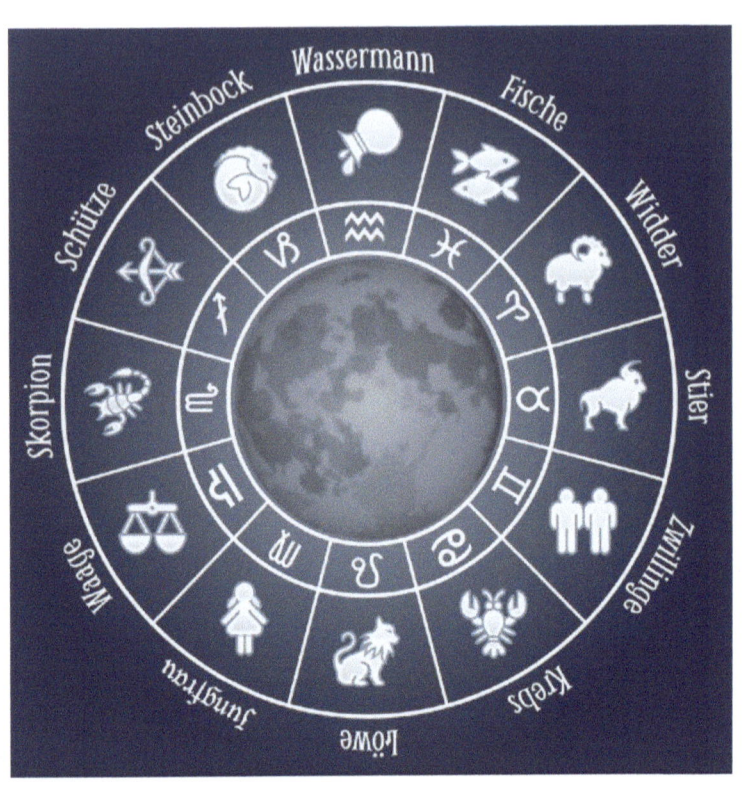

Antje Hebel

Das große Hunde-Horoskop

Wie die Sterne
den Charakter deines Hundes beeinflussen

Impressum

Bibliografische Information der Deutschen Nationalbibliothek:
Die Deutsche Nationalbibliothek verzeichnet diese Publikation in der Deutschen Nationalbibliografie; detaillierte bibliografische Daten sind im Internet über http://dnb.dnb.de abrufbar.

1. Auflage 2019
© Alle Rechte bei der Autorin Antje Hebel
Herstellung und Verlag: Twentysix, Eine Kooperation zwischen der Verlagsgruppe Random House und BoD – Books on Demand

ISBN: 9-783-740-762438

Illustrationen: Alexey Bannykh
Coverimage: EvgeniT und Ryniu123

Dieses Werk ist einschließlich aller seiner Teile urheberrechtlich geschützt. Jede Verwertung und Vervielfältigung des Werkes ist ohne Zustimmung der Autorin, Antje Hebel, unzulässig und strafbar. Alle Rechte, auch die des auszugsweisen Nachdrucks und sämtliche Übersetzungen, sind vorbehalten! Ohne ausdrückliche schriftliche Erlaubnis der Autorin darf das Werk, oder Teile daraus, nicht reproduziert, übertragen oder kopiert werden - Weder manuell noch mittels elektronischer und mechanischer Systeme inklusive Fotokopien, Bandaufzeichnung und Datenspeicherung. Zuwiderhandlung verpflichtet zu Schadenersatz. Alle im Werk enthaltenen Angaben, Ergebnisse, Anleitungen usw. wurden von der Autorin nach bestem Wissen erstellt und erfolgen ohne jegliche Verpflichtung oder Gewähr für etwa vorhandene Unrichtigkeiten.

Inhaltsverzeichnis

Ein Horoskop für Hunde?.....7
Warum dieses Buch entstand 8
Was die Sterne über deinen Hund offenbaren.....8
Das Seelenleben deines Hundes 13
Widder-Hunde.....16
Stier-Hunde 24
Zwilling-Hunde.....34
Krebs-Hunde 44
Löwe-Hunde 54
Jungfrau-Hunde.....62
Waage-Hunde.....72
Skorpion-Hunde.....80
Schütze-Hunde.....90
Steinbock-Hunde 100
Wassermann-Hunde 110
Fische-Hunde 120

Ein Horoskop für Hunde?

Na klar, warum denn nicht.

Seit Jahrhunderten werden Horoskope erstellt, um uns Details über unsere eigene Persönlichkeit, Gesundheit oder Zukunft zu verraten. Ein Horoskop kann uns aber auch auf bestimmte Ereignisse in unserem Leben vorbereiten. Wer möchte nicht gern wissen, ob er einmal Kinder haben wird, erfolgreich im Beruf sein kann oder mit goldener Gesundheit gesegnet ist?

Wenn der Geburtstermin unseren menschlichen Charakter und unsere Lebensweise beeinflusst, warum sollte das nicht auch auf unsere Hunde zutreffen?
Auch bei deinem Hund haben Mond und Sterne Einfluss auf Stimmung, Ausdauer und Begeisterungsfähigkeit. Die Stellung des Mondes in den Tierkreiszeichen fördert seine Reaktionen oder ruiniert seinen Seelenfrieden. Je nachdem wie anfällig dein Hund gerade ist.

Kennst du den genauen Geburtstermin deines Hundes? Dann findest du hier im großen Hundehoroskop bestimmt viel Interessantes über seinen Charakter, seine Vorlieben oder wen er gar nicht leiden kann.
Du erhältst hilfreiche Tipps für die verschiedenen Lebenssituationen deines Hundes und vor allem zu der Grundfrage: Welcher Hund passt am besten zu deinem eigenen Tierkreiszeichen?

Warum dieses Buch entstand

Du wirst dich vielleicht fragen, wieso eine Hundepsychologin ein Buch mit Sternzeichen für Hunde schreibt.

Das ist ganz einfach. Ich komme aus einer ländlichen Gegend. Schon meine Eltern und besonders meine Großeltern haben ihr Leben nach dem Mondkalender und den Sternen ausgerichtet.

Ich beziehe den Mond heute noch in mein tägliches Leben mit meinen Hunden mit ein. Ich lege die Tage für das Krallenschneiden, Operationen oder die Ernährung meiner Hunde nach dem Zyklus des Mondes. Bis jetzt hat es uns nur Vorteile gebracht.
Als Hundepsychologin wollte ich natürlich auch mehr über die Verbindung der Planeten zum Charakter meiner Hunde wissen und begann, mich für ihre Horoskope zu interessieren. Die Ergebnisse findest du hier im Buch.

Was die Sterne über deinen Hund offenbaren

Seit Jahrhunderten werden Horoskope erstellt, um uns Details über unsere Persönlichkeit, Gesundheit oder Zukunft zu verraten. Ein Horoskop kann uns aber auch auf bestimmte Ereignisse in unserem Leben vorbereiten. Wer möchte nicht gern wissen, ob er einmal Kinder haben wird, erfolgreich im Beruf sein kann oder mit goldener Gesundheit gesegnet ist? Wenn der Geburtstermin unseren menschlichen Charakter und unsere Lebensweise beeinflusst, warum sollte das nicht auch auf unsere Hunde zutreffen?

Auch bei deinem Hund hat der Mond Einfluss auf Stimmung, Ausdauer und Begeisterungsfähigkeit. Die Stellung des Mondes fördert seine Reaktionen oder ruiniert seinen Seelenfrieden, je nachdem wie anfällig dein Hund gerade ist. Kennst du den genauen Geburtstermin deines Hundes? Dann findest du im großen Horoskopteil bestimmt viel Interessantes über seinen Charakter, seine Vorlieben oder wen er gar nicht abkann.

Du erhältst hilfreiche Tipps für die verschiedenen Lebenssituationen deines Hundes und vor allem zu der Grundfrage: Welcher Hund passt am besten zu deinem eigenen Tierkreiszeichen? Wann ist ein guter Tag für Operationen? Welche Nahrung braucht dein Hund? Welche Urlaubsorte würden deinem Hund gefallen? Unter welchem Tierkreiszeichen sollte ein Zweithund geboren sein, damit sich beide Hunde gut verstehen?

In unserem Hunde-Horoskop findest du viele Antworten. Lass dich überraschen. Bald wirst du die Motivation deines Hundes besser verstehen und seine Reaktionen vielleicht aus einer ganz anderen, neuen Sichtweise beurteilen.

Je nachdem in welchem Tierkreiszeichen dein Hund geboren wurde, äußern sich die Eigenschaften des dazugehörigen Planeten besonders deutlich in seinem Leben. Da wir nur acht Planeten, aber zwölf Tierkreiszeichen haben, regieren Merkur und Venus über jeweils zwei Zeichen. Entdecke hier, was die Stammplaneten im Geburtshoroskop deines Hundes bedeuten und wie sie sich auf sein Temperament und seinen Charakter auswirken können.

Vorab schon mal eine kurze Zusammenfassung. Im großen Horoskop wirst du alle Geheimnisse über deinen Hund erfahren.

Widder-Hunde sind sehr energiegeladen, triebstark, wagemutig und neigen oft zur Dominanz. Sie schrecken vor nichts zurück und haben kaum vor etwas Angst, schon gar nicht vor Artgenossen. Sie werden vom Mars regiert, dem Planeten des Krieges. Dem Mars werden Aktivität, Mut, Kraft und Unternehmungsgeist zugeschrieben.

Zwilling-Hunde lernen enorm schnell und sind extrem wissbegierig und kontaktfreudig. Sie passen sich gut an die Bedürfnisse und Regeln ihrer Menschen an. Sie werden vom Merkur regiert, dem Planeten des Verstandes. Der Merkur versinnbildlicht Kommunikation, rasche Auffassungsgabe und Intelligenz.

Krebs-Hunde brauchen liebevollen Körperkontakt, Nähe und Geborgenheit. Sie schmusen gern und haben ein erhöhtes emotionales Sicherheitsbedürfnis. Sie werden vom Mond regiert, dem Planeten der Gefühle. Der Mond symbolisiert Sensibilität, Familiensinn und Wohlgefallen.

Löwe-Hunde wollen sich im Training oder als Service-Hunde selbst verwirklichen. Ihre enorme Lebenskraft verlangt viel Aktivität und sozialen Kontakt. Sie werden von der Sonne regiert, dem Planeten der Macht.

Die Sonne steht für Selbstbewusstsein, Dominanz und Individualität.

Jungfrau-Hunde sind sehr loyal und fügsam. Sie lieben Routine und eingefahrene Rituale über alles. Sie werden vom Merkur regiert, dem Planeten des Verstandes. Merkur versinnbildlicht in diesem Zeichen Disziplin, Intelligenz und Vernunft.

Waage-Hunde sind aktive, friedliebende Individualisten. Sie mögen große Familien, Urlaubsreisen, Besucher und jegliche Art von Veränderung und Herausforderung. Sie werden von der Venus regiert, dem Planeten der Tugend. Die Venus symbolisiert hier Charme, Beständigkeit und Harmonie.

Skorpion-Hunde sind tiefgründig und unbestechlich. Extrem deutlich zeigen sie jedem ihre Sympathien und Antipathien. Den diplomatischen Mittelweg kennen sie nicht. Skorpion-Hunde werden von Pluto regiert, dem Planeten der Wiedergeburt. Pluto begünstigt Veränderung, Ausdauer und Macht.

Schütze-Hunde sind verspielt, neugierig und abenteuerlustig. Sie sind immer guter Dinge und ernten sogar von schlecht gelaunten Menschen Entzücken und Wohlwollen. Sie werden vom Jupiter regiert, dem Planeten der Zuversicht. Jupiter verkörpert Optimismus, Toleranz und Spürsinn.

Steinbock-Hunde sind geduldig und diszipliniert. Sie sind freundlich zu Artgenossen und können in einem Multi-Hunde-Haushalt wohlwollend für Ruhe und Ordnung im Rudel sorgen. Sie werden vom Saturn regiert, dem Planeten der Klarheit. Saturn steht für Bescheidenheit, Genügsamkeit und hohes Konzentrationsvermögen.

Wassermann-Hunde sind originell, sozial und lernfreudig. Sie sind extrovertiert und anhänglich, brauchen aber kaum Streicheleinheiten. Sie werden vom Uranus regiert, dem Planeten der Intuition. Uranus steht für Veränderung, Abwechslung und Lernfreude.

Fische-Hunde sind brav und streben nach Liebe und Harmonie. Sie würden niemals Nachbars Katzen jagen oder Joggern bellend hinterher rennen. Sie werden vom Neptun regiert, dem Planeten der Illusion. Neptun verkörpert Selbstlosigkeit, Geborgenheit und Hingabe.

Die Bedeutung der Zeichen

In der Astrologie werden den einzelnen Tierkreiszeichen bestimmte Merkmale zugeordnet. Ich möchte diese hier kurz erwähnen, da dir das bei der Charakterdefinition deines Hundes behilflich sein kann. Wir unterscheiden:

Tag- und Nachtzeichen

Den Tagzeichen wird Aktivität und ein hoher Energielevel zugesprochen. Dazu gehören Widder, Zwillinge, Löwe, Waage, Schütze und Wassermann. Nachtzeichen gelten als passiv und abwartend mit niedrigem Energielevel. Zu ihnen zählen Stier, Krebs, Jungfrau, Skorpion, Steinbock und Fische.

Hauptzeichen

Die Hauptzeichen fallen immer auf den Beginn einer neuen Jahreszeit. Sie gelten als lebhaft, lernwillig und impulsiv. Dazu gehören Widder, Krebs, Waage und Steinbock.

Fixe und Labile Zeichen

Fixe Zeichen werden als stur, willensstark und ausdauernd beschrieben. Zu ihnen zählen Stier, Löwe, Skorpion und Wassermann. Und schließlich die labilen Zeichen, die eher als anfällig, unbeständig und unmotiviert gelten. Diese sind Zwillinge, Jungfrau, Schütze und Fische.

Das Seelenleben deines Hundes

Versuche, im Einklang mit der Natur, deinem Geist und dem Mond zu leben. Die Kräfte des Mondes wirken sich auf unser Gemüt und unser Seelenleben aus. Das wiederum beeinflusst die Reaktionen und Handlungen unserer Hunde. Sei aber ebenso bereit, deinem Hund zu vergeben, wenn er sich einmal daneben benimmt. Er tut es nicht, um dich zu ärgern, sondern weil er unsicher ist und nicht weiß, wie er mit einer Situation umgehen soll. In vielen Fällen beruht Fehlverhalten sogar auf tiefer Angst oder eventuell Panik! Schimpfe nicht, bleib ruhig. Nutze die Gunst der Elemente für euer harmonisches Miteinander. Sieh das unerwünschte Verhalten als einen Hilferuf deines Hundes und eine Chance, ihm zu helfen! Auch dafür kannst du den Mondzyklus nutzen.

An Wärmetagen steht der Mond in den Feuerzeichen Widder, Löwe oder Schütze. Es herrscht eine entspannte, warme Stimmung. Das sind gute Tage für ein gemeinsames Picknick mit deinem Hund oder gemütliches Kuscheln auf dem Teppich.

Die Lichttage sind bestimmt von den Luftzeichen Zwillinge, Waage und Wassermann. Es ist heller als an anderen Tagen. Das ist eine gute Basis für ausgedehnte Spaziergänge mit deinem Hund.

Die Kältetage werden bestimmt von den Erdzeichen Stier, Steinbock und Jungfrau. Unsere Umgebung wirkt kühler. Tiere und Menschen frieren schneller als sonst. Spaziergänge dürfen an solchen Tagen etwas kürzer sein. Mach als Ersatz ein paar witzige Übungen im Haus. Tricktraining wie Verbeugen, Kopf nicken oder Spielzeug in eine Kiste sortieren, macht deinem Hund garantiert Spaß. (Genaue Anleitungen dazu findest du in meinem Buch ›Jeder Hund ist anders‹.)

Die Wassertage werden beherrscht von den Wasserzeichen Krebs, Skorpion und Fische. Die Tage sind meist feucht und kühl, oft auch im seelischen Bereich. Besonders intensiv spüren wir das bei zunehmendem

Mond. Wundere dich also nicht, wenn dein Hund sich an diesen Tagen etwas zurückzieht und auch von Streicheleinheiten nichts wissen will. In ein paar Tagen wird er wieder sehr viel empfänglicher auf deine Liebkosungen reagieren.

Widder-Hunde
21. März bis 20. April

Herz und Seele deines Widder-Hundes

Körperteil: Kopf, Nase, Augen
Element: Feuer
Planet: Mars
Witterung: Wärmetage
Gesundheit: Anfällig für Hitzschlag
Zugeordnetes Organ: Sinnesorgane
Stärken: Loyal, treu, spontan, mutig, dynamisch
Schwächen: Ungeduldig, risikofreudig, furchtlos
Talente: Der geborene Herzensbrecher und niemals nachtragend
Freunde: Schütze, Löwe, Zwillinge, Waage, Wassermann
Gegner: Krebs, Skorpion, Fische, Steinbock, Jungfrau, Stier

Sein Lebensmotto

Jogger jagen, dreimal so große Hunde anpöbeln, Mittelpunkt der Welt sein.

Sein Charakter

Widder-Hunde haben Courage und Ausdauer. Sie sind leicht erregbar und schnell zu motivieren. Sie lieben sportliche Betätigung, aber manchmal können sie sehr impulsiv sein.
Gewöhne deinen kleinen Widder früh an Artgenossen, damit er später beim Spaziergang nicht zu übermütig reagiert.

Was ihn zum Juwel macht

Widder-Hunde sind verwegen, tapfer und mutig. Dein Widder-Hund hat sogar die Veranlagung, zum Anführer deines Familienverbandes aufzusteigen. Er ist abenteuerlustig und energisch, immer zu Eskapaden und Streichen bereit. Sein hohes Selbstvertrauen und seine Impulsivität könnten ihn (und dich) in so manche peinliche Situation bringen!

Der geborene Macho

Sein Motto ist immer: Erst einmal ICH und zwar sofort! Die Worte Geduld oder Bitte sind ihm völlig fremd. Sein Leben besteht aus Aufregung und Herausforderungen.
Dein Widder-Hund kennt keine Grenzen. Seine Neugierde treibt ihn immer wieder zu verrückten Taten: deine Einkaufstaschen zu durchwühlen, eifrig die Gegend zu erkunden oder einfach nur des Nachbars Mülltonne nach Schätzen abzusuchen.
Überhaupt möchte er der eine und einzige Hund in deinem Haushalt und der absolute Lieblingshund in der Nachbarschaft sein. Von allen Seiten verwöhnt zu werden, das gefällt deinem Widder-Hund gut. Mangel an Aufmerksamkeit mag er überhaupt nicht und Einsamkeit versetzt ihn sofort in schlechte Stimmung.
Dieser Hund braucht ein aktionsreiches, mit lustigen Spielen gefülltes Leben. Seine endlose Ausdauer fordert stundenlange Spaziergänge. Der Widder-Hund ist ein idealer Partner für Menschen, die gern und viel wandern. Auch Agility, Flyball oder Frisbee liebt er heiß und innig, Hauptsache er kann aktiv sein.

Beziehe deine Kinder beim Spielen und Trainieren mit ein. Die meisten Widder-Hunde toben gern mit Kindern herum. Wogegen Gehorsam und gutes Benehmen nicht zu ihren Stärken gehören.

Achtung jetzt komme ich!

Soviel Eifer und Lebhaftigkeit hat natürlich auch ihre Schattenseiten. Die größte Leidenschaft deines Widder-Hundes ist, mit Eifer alles zu jagen, was sich bewegt. Er verursacht damit oft Ärger und sogar Unfälle. Leider ist er selbst nach jahrelangem Training nicht bereit, Einsicht zu zeigen.

Es ist sinnlos, deinen Widder-Hund beherrschen oder einengen zu wollen. Er wird vor nichts zurückschrecken, um dir diese Illusionen zu nehmen. Sei kompromissbereit. Sobald du tust, was dein Hund sich wünscht, und er dich ausreichend trainiert hat, werdet ihr viel Spaß zusammen haben.

Dein Widder-Hund ist eigentlich ein warmherziges Wesen, der dich gern zum Lachen bringt und nicht lange schmollen wird, falls du etwas falsch machst.

Seine zweite Stärke ist Bellen! Redest du mit ihm, schenkst ihm Beachtung oder schimpfst mit ihm: er wird dir garantiert immer antworten.

Es ist unwahrscheinlich, dass sich dein Widder-Hund mit anderen Hunden oder Haustieren anfreundet, außer – wenn er diese beherrschen kann. Er will Chef sein, basta. Er wird kein anderes Tier in seiner Umgebung tolerieren, das seinen Alpha-Status in Frage stellt.

Aber, trotz aller dominierenden Charakteristik und Sturheit, ist dein Widder-Hund ein leidenschaftlicher, loyaler und äußerst zuverlässiger Freund.

Auch wenn er nicht gern schmust und seine Zuneigung nur selten zeigt – er will dein Held sein. Er ist bereit sein Leben für dich zu geben, falls du jemals in Gefahr sein solltest.

Sieh ihn wohlwollend und verwöhne deinen Widder-Hund, aber sei auf der Hut! Sonst liegt morgen dein Hund im Bett – und du schläfst auf dem Fußboden.

Was er sich von dir wünscht

- »Lass mich niemals auf etwas warten, nicht auf den Spaziergang und schon gar nicht auf Futter oder Leckerlies. Du weißt ja, Geduld ist nicht meine Stärke. Ich will alles, und das immer sofort!«

- »Unterbrich mich nicht, wenn ich einem Artgenossen wieder einmal die Leviten lesen will, aber bleibe in der Nähe, damit du mich richtig laut anfeuern kannst!«

- »Versprich mir, dass du mich nicht mit Gehorsam und Unterordnungsübungen langweilen wirst. Diese Dinge sind mir unheimlich.«

- »Zeige mir mindestens fünfmal täglich, wie sehr du mich liebst, am besten in der Öffentlichkeit, und wenn andere Hunde in der Nähe sind.«

- »Ich will dein Held sein, und erwarte, dass du meiner bist! Sei immer lustig und tobe mit mir herum. Einfallslose Besitzer haben bei mir keine Chance.«

Beste Freunde, ärgste Feinde

Als Besitzer, Zweithund oder für die Paarung passen Löwe und Schütze am besten zum Widder-Hund. Die stabilen Elemente dieser Zeichen neutralisieren die unberechenbaren Seiten des Widders. Und alle drei Zeichen haben ähnliche energische Qualitäten, was zu einer Art Seelenverwandtschaft führt.

Auch die gegenüberliegende Waage harmoniert gut mit dem resoluten Widder. Krebs und Steinbock passen überhaupt nicht.

Erfüll ihm seine Urlaubsträume

Dein kleiner Freund hat eine Vorliebe für südliche Länder, Palmenstrände und orientalische Märkte. Er hat keinerlei Anpassungsschwierigkeiten und wird sich bei den temperamentvollen Südländern sofort zuhause fühlen.

Nimm ihn ruhig mit in die nächste Hafenstadt, zum Sightseeing oder zum Einkaufsbummel in quirlige Gassen. Dein Widder-Hund wird die neuen interessanten Düfte mit Begeisterung einatmen.

Lass ihn auch an deinen Strandaktivitäten teilhaben. Er wird unermüdlich deinen Frisbee für dich aufheben, mit dir zusammen Fußball spielen oder morgens mit dir am Strand joggen gehen. Wohnungshunde, die sich im Alltagsleben nicht immer hundgerecht austoben können, werden von einem Aktivurlaub im Süden ganz besonders profitieren.

Das hält ihn fit und gesund

Dein Widder-Hund benötigt eine proteinreiche Ernährung, die ihn fit und gesund hält. Verzichte so gut es geht auf Kohlenhydrate. Am besten ist ein Mix aus Fleisch/Fisch und Gemüse. Ist dein Hund zu dick? Dann warte bis der Mond im abnehmenden Widder steht. Dieser Zeitpunkt ist ideal für Diäten, da sein Körper dann kaum Hungergefühl verspürt. Falls dein Hund Früchte liebt, gib ihm auch Apfel, Birne oder Wassermelone. Das unterstützt eine Diät, ist gesund, und dein Hund muss nicht hungern.

Seine sensibelsten Körperzonen

Der gesamte Kopfbereich gehört zu den Schwachstellen deines Widder-Hundes. Das betrifft das Gesicht, die Augen, die Nase. Aber auch die Ohren können empfindlich reagieren. Schütze deinen Hund im Wohnbereich und im Auto vor Zugluft und kaltem Wind.

Harmonie der Sinne

Widdertage werden von der Farbe Rot bestimmt, was sich natürlich auf das Temperament deines Hundes auswirkt. Sollte er zu stürmisch oder fordernd werden, vermeide alles Rote und dämpfe sein Gemüt mit den Gegenfarben Gelb oder Blau.

Diese Farben kannst du im gesamten Umfeld deines Hundes einsetzen: Lege eine gelbe/blaue Decke über seinen Schlafplatz, benutze gelbe/blaue Vorhänge, Halsbänder, oder Mäntelchen und füttere deinem Hund die entsprechenden Lebensmittel: gelbe Paprika, Birnen, Knoblauch, Äpfel, Kohlrabi oder blaue Auberginen. Früchte mag der Widder-Hund oft lieber als Gemüse.

Wellness für alle Hunde an Widder-Tagen

Wann genau die einzelnen Tierkreis-Tage herrschen, entnimmst du bitte einem Mondkalender.

- ✓ An Widdertagen sind Wärmebehandlungen für Körper und Beine sehr wohltuend und besonders wirksam.

- ✓ Viele Hunde leiden an Blasen- und Nierenproblemen. Sie kuscheln sich an kalten Wintertagen gerne in ein warmes Handtuch. Sehr effektiv sind auch warme Sitzbäder mit Kamillezusatz. (Wie du deinen Hund dazu bekommst, ein paar Minuten in der Wanne zu sitzen, findest du in meinem Buch Jeder Hund ist anders.)

- ✓ Wenn dein Hund Rückenprobleme hat, lege ihm an diesen Tagen eine Wärmflasche auf seinen Schlafplatz. Das lindert seine Schmerzen und lässt ihn ruhiger schlafen.

- ✗ Alte, kranke und nervöse Hunde sollten an Widder-Tagen keinen Stress erleben. Wenn möglich, verschiebst du Umzüge, Besitzerwechsel und andere einschneidende Erlebnisse um fünf bis sechs Tage.

- ✗ Besonders gefährdet sind jetzt Nase und Augen deines Hundes. Sie reagieren an Widdertagen besonders empfindlich auf erhöhte Ozonwerte, verschmutzte Luft oder Zugluft im Auto.

- ✗ Sollte es zu leichten Augenentzündungen kommen, legst du warme Teebeutel von schwarzem Tee ein paar Minuten auf das betroffene Auge auf. Das lindert Irritationen auf ganz natürliche Weise.

Stier-Hunde
21. April bis 21. Mai

Herz und Seele deines Stier-Hundes

Körperteil: Ohren, Kiefer, Hals, Nacken
Element: Erde
Planet: Venus
Witterung: Kältetage
Gesundheit: Kernig und gesund
Zugeordnetes Organ: Blutkreislauf
Stärken: Zuverlässig, geduldig, friedlich, ausdauernd, anhänglich
Schwächen: Eifersüchtig, unnachgiebig, besitzergreifend, nachtragend
Talente: Ein super Sänger, der herzerweichend jaulen kann
Freunde: Steinbock, Jungfrau, Krebs, Skorpion, Fische
Gegner: Zwillinge, Waage, Wassermann, Löwe, Widder, Schütze

Sein Lebensmotto

Mit seinen Menschen auf der Couch liegen, Musik hören und Endlos-Würstchen knabbern.

Sein Charakter

Stier-Hunde lieben Ruhe, brauchen ein friedliches Leben und einen sicheren Halt. In Stress-Situationen (neue Möbel, Partnerwechsel...) ist ihr Seelenfrieden schnell gestört.

Stier-Hunde lieben alles Fressbare und freuen sich über jedes Leckerli beim Training. Allerdings haben sie auch gerne alles unter Kontrolle – ihre Spielsachen, ihren Garten und natürlich ihre Besitzer.

Was ihn zum Juwel macht

Stier-Hunde sind gutmütig, pflegeleicht und lieben Futter über alles. Dein Stier-Hund ist ein riesiger Softie; liebenswert und kuschelig. Er ist dir ein stiller, loyaler, und treuer Begleiter, der kaum jemals wegläuft oder herumstreunt.

Aktivitäten, Stress oder Eile mag er nicht besonders. Dein Stier-Hund lümmelt viel lieber auf dem Sofa herum oder schaut genüsslich mit dir ins Fernsehen.

Er braucht mehr Zeit als andere Hunde, um sich an neue Situationen zu gewöhnen. Deswegen unternimmt er Ausflüge auch viel lieber im bequemen Auto als zu Fuß. Es kann sogar vorkommen, dass sich dein Stier-Hund schlafend oder krank stellt, damit er in aller Ruhe weiterdösen kann, statt mit dir einkaufen zu gehen.

Bitte nicht stören

Dein Stier-Hund braucht Beständigkeit, reguläre tägliche Routine und den Frieden einer liebevollen Familie. Dieser Hund weiß, was Entspannung heißt. Wäre es möglich, dass er bei dir ist, um dir diese Kunst zu vermitteln?

Dein Stier-Hund liebt auch Bequemlichkeit und Luxus. Ein simpler Schlafplatz genügt ihm nicht. Er möchte ein wirklich bequemes Hundebett mit einer super-weichen Daunendecke. Über ein chices neues Glitzerhalsband würde er sich mehr freuen als alle anderen Hunde.

Aufgrund seiner sanften Natur ist dein Stier-Hund ein sehr geduldiger und liebevoller Spielkamerad für deine Kinder. Auch Nachbarn und Freunde lieben sein zutrauliches Wesen.

Verrückt nach Futter

Es ist dir sicher schon bekannt: dein Stier-Hund betet Fressen an, es verzaubert ihn. Beim Spaziergang sucht er wie ein Staubsauger den Boden nach Fressbarem ab und Leckerlies liebt er wie sonst nichts auf der Welt. Niemals würde er sein Fressen mit irgendjemand teilen. Allerdings solltest du darauf vorbereitet sein, dass du von deinem eigenen Essen regelmäßig Häppchen an ihn abgeben musst! Deshalb beobachte sein Gewicht und vermeide es, ihn zu überfüttern.

Die zweite große Leidenschaft deines Stier-Hundes ist die Musik. Er kann stundenlang auf die Klänge klassischer Musik hören, und scheut auch nicht davor zurück, unterstützend mitzujaulen. Lobe ihn ausgiebig für sein Kunstverständnis!

Ich will alles!

Es ist einfach so, dein Stier-Hund will gehätschelt und verwöhnt werden. Tu ihm ruhig den Gefallen. Aber achte darauf, dass er nicht allzu besitzergreifend wird. Bewahre dir gewisse Eigentumsrechte. Denn dein kleiner Freund betrachtet so ziemlich alles als seine persönliche Habe – seine Futterschüssel, sein Bett, seine Wohnung, sein Auto, seine Besucher und natürlich seine Besitzer!

Auch sein Spielzeug gibt er niemals freiwillig wieder ab. Das musst du dir hart erkämpfen! Oder er erwartet wenigstens ein Stück Fleischwurst als Gegenleistung. Mach dir nichts daraus, er liebt dich trotzdem über alles.

Es kommt sehr selten vor, dass Stier-Hunde streiten. Aber wenn sie über das Maß provoziert werden, kämpfen sie bis zuletzt und geben selten auf. Lass es lieber nicht so weit kommen. Auch fremde Hunde mögen Stier-

Hunde nicht in ihrer Nähe und sind bereit, das auch klar zum Ausdruck zu bringen. Wenn du weißt, worauf oder auf wen dein kleiner Pascha allergisch reagiert, meide diese Situationen.

Dein Stier-Hund ist im Grunde seines Herzens bereit, mit dir überall hinzugehen. Sollte er einmal überhaupt nicht motiviert sein, versuch ihn zu verstehen. Er ist nicht stur – er ist nur bequem!

Was er sich von dir wünscht

- »Du musst gerne kochen und gutes Essen lieben. Nach den Mahlzeiten solltest du das Bedürfnis haben Siesta zu halten, statt mit mir spazieren zu gehen.«

- »Bitte lerne, meine Schwächen mit Geduld zu ertragen. Ich liebe Routinen und verabscheue Veränderungen. Meine Futterschüssel muss immer am selben Platz stehen, unsere Spaziergänge sollten nie länger als 17 Minuten dauern und morgens möchte ich immer in Ruhe ausschlafen. Abrupte Änderungen machen mich nervös und mürrisch. Ich brauche einen zuverlässigen Besitzer, der beständig ist wie ein Fels in der Brandung.«

- »Es wäre schön, wenn wir auf dem Land leben könnten. Ich brauche viel frische Luft und grüne Wiesen. Falls das nicht möglich ist, versprich mir, dass wir regelmäßig mit dem Auto ins Grüne fahren und Picknick machen. Denn an das Gedränge und den Lärm in der Stadt kann ich mich nur schwer gewöhnen.«

- »Wichtig ist auch, dass du ein dickes Sparbuch besitzt. Meine Kuscheldecken, Designer-Halsbänder und Delikatessen sind nicht ganz billig. Ohne ausreichende finanzielle Mittel hätte ich wirklich Zukunftsangst.«

- »Ich brauche viele Streicheleinheiten und Liebkosungen. Ich tue alles für dich, wenn du mich ganz lieb darum bittest. Harte Kommandos werde ich verweigern. Verlange nie etwas gegen meinen Willen - dann folge ich dir bis zum Mond und wieder zurück.«

Beste Freunde, ärgste Feinde

Als Sozialpartner passen am besten Steinbock, Jungfrau und Skorpion. Diese Familienmitglieder oder Artgenossen verstehen sich ohne viele Worte mit deinem Hund. Widder, Löwe, Zwillinge oder Wassermann harmonieren leider gar nicht mit ihm.

Erfüll ihm seine Urlaubsträume

Den erdverbundenen Stier-Hund zieht es nicht in die weite Welt hinaus. Er braucht keinen Rummel und würde sich auf Ibiza oder Gran Canaria nicht besonders wohlfühlen.

Dein Stier-Hund liebt die Natur in ihrer ursprünglichen Form. Die Eifel, der Harz oder der Fränkische Wald lassen sein Herz höherschlagen. Sein absoluter Favorit wird auf alle Fälle der Urlaubsort, an dem die leckersten hausgemachten Häppchen unter den Tisch fallen. Hierher möchte er dann jedes Jahr wiederkommen, die Natur erkunden, etwas faulenzen und seinen wählerischen Gaumen verwöhnen lassen.

Wenn du keine schulpflichtigen Kinder hast, verreise mit deinem Stier-Hund im Frühjahr oder im Herbst, um dem Massentourismus zu entgehen. Wenn du an die Schulferien gebunden bist, wählst du möglichst ein kleines, abgelegenes Familienhotel für eure gemeinsamen Urlaubstage.

Das hält ihn fit und gesund

Dem Erdzeichen Stier werden die Wurzeln zugeordnet. Im Erdboden wachsendes Wurzelgemüse wie Ingwer, Kartoffeln oder Karotten wird dein Stier-Hund besonders gut verwerten.

Aber natürlich mag er Fleisch und Fisch über alles. Probiere aus, was er am liebsten frisst. Ein Stück Weihnachtsgans, Kaninchen oder Lachsfilet wird er genüsslich verzehren und genießen. Er weiß es zu schätzen, denn dein Stier-Hund ist ein Gourmet. Gieriges blindes Hinunterschlingen findet er absolut befremdlich.

Seine sensibelsten Körperzonen

Stiere sind besonders empfindlich im Kiefer-, Hals- und Ohrenbereich. Feuchte kalte Herbstluft kann bei ihnen schnell zu Atemwegserkrankungen führen. Auch auf Lärm reagiert dein Stier-Hund sehr sensibel. Verschone ihn möglichst vor lauten Partys, Volksfesten und Silvester-Knallerei.

Harmonie der Sinne

Der Stier wird vom beruhigenden Grün regiert. Wenn dein Hund sehr lustlos oder gelangweilt reagiert, kannst du seine Lebensgeister mit der Gegenfarbe Rot wieder anregen. Rot im Halsband, rote Spielsachen und rote Nahrung werden ihn in Schwung bringen. Füttere rote Bete, rote Paprika, rote Äpfel oder auch rote Fleischsorten.

Wellness für alle Hunde an Stiertagen

Hunde mit kurzem Fell neigen an den kalten Stiertagen zu Unterkühlung. Dem kannst du mit einem Mäntelchen vorbeugen, das du ihm eventuell sogar an kühlen Sommerabenden überziehst. Auch Schmerzen im Hals, Ohren und Kieferbereich spüren Hunde an diesen Tagen extrem stark.
Lass deinen Hund viel draußen herumtoben, aber schütze ihn vor Zugluft. Wenn dein Hund an Ohrenproblemen leidet, was bei vielen Langohr-Rassen oft chronisch ist, legst du Arzttermine bitte nicht auf Stiertage. Am besten eignen sich dafür Jungfrau-, Waage- oder Skorpion-Tage. Wenn diese Tage dann auch noch auf abnehmenden Mond fallen, ist eine Behandlung von Ohrenproblemen erfolgreicher als an anderen Tagen. Selbst das Reinigen seiner Ohren erträgt dein Hund dann gelassener.

- ✓ Hunde, die gern an der Leine ziehen, erleben eine Hals-Nacken-Massage jetzt als besonders wohltuend.

- ✓ Blutreinigende Maßnahmen und Entgiftungskuren sind bei zunehmendem Stier besonders wirkungsvoll. Animiere deinen Hund, mehr zu trinken als sonst. Mische ruhig einmal etwas Fleischbrühe unter sein Trinkwasser, er wird es mit Genuss wegschlabbern und an diesen Tagen auch gut vertragen. Bei Zahnfleischproblemen gibst du Salbei oder Kamille mit ins Trinkwasser.

- ✓ Der abnehmende Stiermond ist besonders gut zum Krallenschneiden oder zur Krallenkorrektur geeignet.

- ✗ Verschone deinen Hund jetzt vor Zahnbehandlungen, Zahnsteinentfernungen oder Zähne ziehen! Jedoch ist eine Zahnreinigung mittels Kauknochen an Stiertagen sehr effektiv.

- ✗ Die sensiblen Ohren und der Gehörsinn unserer Hunde reagieren sehr stark auf Lärm, wenn der Mond im Stier steht. Halte deinen Hund an diesen Tagen von Partys, Volksfesten, Bahnhöfen oder lauten Menschenansammlungen fern. Lass ihn besser zu Hause. Nächste Woche wird er euren gemeinsamen Einkaufsbummel viel gelassener ertragen können.

- ✗ Sollten trotz aller Vorsichtsmaßnahmen Ohrenprobleme auftreten, kannst du etwas Johanniskraut-Öl oder Neem-Öl im Außenohr deines Hundes verreiben.

Zwilling-Hunde
22. Mai bis 21. Juni

Herz und Seele deines Zwilling-Hundes

Körperteil: Schultern, Vorderbeine, Bronchien
Element: Luft
Planet: Merkur
Witterung: Lichttage
Gesundheit: Durch Rastlosigkeit oft untergewichtig
Zugeordnetes Organ: Drüsen
Stärken: Phantasievoll, verspielt, vielseitig, unabhängig, neugierig
Schwächen: Extrovertiert, laut, taktlos, ruppig, flegelhaft
Talente: Für jedes Abenteuer zu haben
Freunde: Wage, Wassermann, Widder, Löwe, Schütze
Gegner: Fische, Krebs, Skorpion, Jungfrau, Stier, Steinbock

Sein Lebensmotto

Ich möchte den Mount Everest mit dir besteigen und am Amazonas Krokodile jagen.

Sein Charakter

Zwilling-Hunde sind enthusiastisch, neugierig und unterhaltsam. Sie brauchen viel Abwechslung und scheinen nie müde zu werden. Sie haben eine unersättliche Neugier, wollen alle Artgenossen persönlich kennenlernen und brauchen jede Menge stimulierende Erlebnisse. Es sind ganz einfach Tausendsassas.

Was ihn zum Juwel macht

Dein Zwilling-Hund versucht wirklich ein guter Hund zu sein. Nur manchmal geht sein Eifer mit ihm durch und seine Neugier lässt ihn alle Regeln und Verbote vergessen. Er setzt all sein Können ein, um mit dir zu kommunizieren – schmachtende Blicke, drollige Körpersprache oder einfallsreiche Töne, ihm fällt immer etwas ein.

Immer gut drauf

Dieser zwiespältige Hund bleibt bis ans Ende seines Lebens ein tollpatschiger Welpe, der ständig deine Aufmerksamkeit einfordert und neue Aktionen von dir erwartet. Seine Vielseitigkeit und seine Unternehmungslust bringen garantiert reichlich Abwechslung in eure Mensch-Hund-Beziehung.

Auch stimmungsmäßig wird dich dein Zwilling-Hund ständig überraschen. Heute unschuldig und anschmiegsam, ist er morgen zu jeder Schandtat bereit. Er kann einfach nicht widerstehen, dich auszutricksen.

Solltest du manchmal einen Hausschuh suchen oder deinen Schal nicht mehr wiederfinden, dann schau einmal auf seinem Schlafplatz nach. Du wirst überrascht sein, was du zwischen seinen Decken und Kissen alles aufstöbern kannst.

Dein Zwilling-Hund ist ein Clown, der jeden amüsiert. Er ist der geborene Schauspieler und bietet dir endlose Stunden voller Spaß und Unterhaltung. Er wird sich vor deiner Videokamera perfekt präsentieren und deinen Besuchern professionelle Posen liefern. Hier ist Fantasie gefragt. Bring ihm so viele Tricks wie möglich bei, um seine Ruhelosigkeit etwas einzudämmen.

Er wird das Clickertraining ganz besonders mögen. Genaue Anleitungen zu hilfreichen Tricks (Licht anschalten, Schuhe ausziehen, Tür zumachen...) findest du in meinem Buch Jeder Hund ist anders.

Schnelligkeit und Action sind gefragt
Zwilling-Hunde sind die schnellsten Läufer unter allen Tierkreiszeichen. Sollte deiner zu den Windhunden gehören, hat er im Ring gute Chancen. Beim Spaziergang hälst du ihn aber besser an der Leine, sonst passiert es dir, dass er für immer davonläuft. Dein Zwilling-Hund liebt Ausflüge und Abenteuer halt so sehr, dass es ihm manchmal echt schwerfällt, wieder nach Hause zu kommen.

Da er sehr rasch lernt, langweilt sich dieses einfallsreiche Energiebündel auch schnell. Vermeide unbedingt monotone Routine! Sei auf alles gefasst bei diesem Hund. Er wird deine Wäsche von der Leine holen und dein Laptop von innen betrachten wollen.

Biete ihm Action und immer neue Eindrücke. Wechsle deine Routen beim Spaziergang, nimm ihn mit ins Schwimmbad, zum Einkaufen und zum Camping. Er wird sich überall sofort wohlfühlen und an neue Situationen anpassen.

Solltest du ihn jemals für ein paar Tage in eine Hundepension oder Klinik bringen müssen, wird er auch dort das Personal im Handumdrehen um den Finger wickeln.

So bin ich eben!
Aber lass deinen Zwilling-Hund bloß nicht alleine! Er braucht Chaos und leidet unter langweiliger Einsamkeit mehr als andere Hunde. Er wird dir bei deiner Rückkehr

als zitterndes, nervöses, und leidendes Wrack entgegentreten, was dir garantiert das Herz bricht. Überlege in Zukunft, ob du ihn nicht doch lieber mitnehmen kannst.

Bei so viel sprudelnder Energie liegt es natürlich nahe: Zwilling-Hunde lieben große Familien und Trubel. Und sie brauchen dringend ihre zweite Hälfte! Solltest du den Platz und die Zeit haben, denke darüber nach, einen zweiten (ruhigeren) Hund ins Haus zu nehmen. Die beiden werden sich himmlisch ergänzen, in guten und in schlechten Zeiten.

Was er sich von dir wünscht

- »Du solltest im Außendienst arbeiten, damit ich dich immer auf deinen Reisen begleiten kann. Aber Fotograf oder Tanzlehrer mit eigenem Studio wäre auch nicht schlecht. Dann würde ich jede Menge interessanter Leute kennenlernen, die mit mir herumalbern.«

- »Nimm mich mit, wenn du in den Urlaub fährst. Auch ich möchte die Welt kennenlernen. Egal ob im Zug, Auto oder Flugzeug, Hauptsache wir sind unterwegs!«

- »Mit viel Sinn für Humor und dem Charme ewiger Jugend kannst du mich bei guter Laune halten. Wir werden zusammen Salsa durch die Wohnung tanzen und abends darfst du mir eine Gute-Nacht-Geschichte vorlesen.«

- »Sei auf lange, ausgiebige Spaziergänge vorbereitet. Ich muss alles um mich herum beschnüffeln und erkunden. Nur mal schnell Pipi oder immer geradeaus gehen, läuft bei mir nicht.«

 »Halte viele interaktive Spielsachen für mich bereit, ich werde alle Aufgaben mit Bravour meistern.«

Beste Freunde, ärgste Feinde

Am harmonischsten sind Beziehungen mit Waage, Wassermann oder Schütze. Aber auch zu starken Löwen fühlt sich der Zwilling-Hund hingezogen. Gar nicht gut passen die unsteten Fische oder standhafte Jungfrauen und Steinböcke.

Erfüll ihm seine Urlaubsträume

Zwilling-Hunde haben keine bestimmten Reiseziele, für sie ist wichtiger, dass sie neue, abenteuerliche Erfahrungen machen können. Jedes Jahr zu Tante Erna an den Bodensee – das findet dein Zwilling-Hund ziemlich monoton. Aber eine Reise im Wohnmobil durch Amerika oder Indien, vielleicht sogar auf dem Beifahrersitz, ja das erfreut sein Hundeherz!

Neue Gerüche, fremde Tiere und jede Menge unbekanntes Territorium lassen seinen Pioniergeist aufleben. Achte aber darauf, in belebter Umgebung zu bleiben. Wenn du einen Urlaub in entlegene Gebiete planst, solltest du besser mit der ganzen Familie reisen. Denn fernab der Zivilisation langweilt sich dein Zwilling-Hund ziemlich schnell.

Dein kleiner Freund kann sich aber auch für kurze Reisen nach Mallorca oder Ibiza begeistern, Hauptsache ihr unternehmt dort recht viel zusammen. Mit diesem aufgeschlossenen Hund an deiner Seite bist du überall herzlich willkommen. Im Handumdrehen wird er dir helfen, viele nette Leute kennenzulernen und auch neue Freunde zu finden.

Bei so viel Tatendrang sind Reisen bei kühlen Temperaturen von Vorteil, damit sich dein Zwilling-Hund nach Herzenslust austoben kann. Eine Reise im Hochsommer ist nicht sein Geschmack.

Das hält ihn fit und gesund

Zwillinge können Fett gut verdauen und bauen es durch ihre Aktivität auch leicht wieder ab. Dein Hund braucht also nicht auf das beliebte Leberwurstbrot als Belohnung zu verzichten.

An Krankheitstagen oder zur Prophylaxe sind Kokosraspel zu empfehlen. Das darin enthaltene Fett kann er besonders gut vertragen. Die Kokosnuss besitzt zellerneuernde Wirkstoffe und ist für alle Hunde an Zwilling-Tagen zu empfehlen.

Als Ausgleich zum hohen Fettgehalt fütterst du am besten Haferflocken mit Fenchel, Artischocken oder gelbe Paprika.

Seine sensibelsten Körperzonen

Schultern, Vorderbeine, aber auch die Bronchien sind bei ihm stärker gefährdet als bei anderen Hunden. Eine vermehrte Neigung zu rheumatischen Erkrankungen ist oft zu beobachten.

Vorderbeine und Schultern tragen fast das gesamte Körpergewicht beim Hund. Probiere aus, womit dein Hund sich sicherer fühlt – mit Halsband oder Hundegeschirr.

Du kannst die körperliche Belastung reduzieren und durch Tricktraining oder interaktive Spiele ersetzen.

Harmonie der Sinne

Dein Zwilling-Hund steht unter dem Einfluss der Farbe Gelb. Das wirkt zwar nervenstärkend, aktiviert aber gleichzeitig die Drüsen und die Lernfunktionen im Körper.

Sollte dein Zwilling-Hund gar zu aufgedreht sein, kannst du ihn mit Blautönen wieder etwas dämpfen. Eventuell brauchst du blau hauptsächlich im Umfeld deines Hundes, denn blaue Lebensmittel, die dein Hund verträgt, gibt es nicht sehr viele. Da bleibt fast nur die Aubergine. Aber probiere ruhig aus, ob er ein paar Heidelbeeren oder eine Trockenpflaume annimmt. Manchen Hunden schmeckt das.

Wellness für alle Hunde an Zwilling-Tagen

- ✓ Unternimm an Zwilling-Tagen lange Spaziergänge mit deinem Hund, damit er viel frische Luft in seine Bronchien pumpen kann. Das ist besonders wichtig für Hunde, die im Zwinger untergebracht sind oder nicht so oft nach draussen kommen.

- ✓ Wenn dein Hund unermüdlich herumtobt oder Hundesport betreibt, wird er sich über eine Rotlichtbestrahlung bestimmt freuen. Das tut ihm dann besonders gut.

- ✓ Massagen sind an Zwilling-Tagen wohltuend und wirkungsvoll. Streiche sanft von den Schultern beginnend die Vorderbeine entlang, bis zu seinen Pfoten. Wenn dein Hund dabei einschläft, machst du es richtig.

- ✓ Inhalationen mit ätherischen Ölen wirken jetzt besonders effektiv. Gib ein paar Tropfen Lavendel, Jasmin, Basilikum oder Sandelholz auf ein nasses Handtuch und lass deinen Hund die Düfte während der Massage einatmen. Oder belasse das Handtuch in der Nähe seines Schlafplatzes.

- ✓ Sollte dein Hund an Husten oder Bronchitis leiden, kannst du ihm mit Eibischtee Linderung verschaffen.

- ✓ Wenn du deinen Hund baden willst, tu es an Zwilling-Tagen, dann wird sein Fell sehr schön weich.
- ✗ Hunde mit Ellbogen-Dysplasie sollten sich an ZwillingTagen absolut schonen.

- ✗ Halte deinen Hund jetzt bitte auch von Kletterwand und Sprunghürden fern. Er wird es dir danken.

- ✗ Vermeide medizinische Eingriffe an den Vorderbeinen und den Bronchien.

Krebs-Hunde
22. Juni bis 22. Juli

Herz und Seele deines Krebs-Hundes

Körperteil: Lunge, Magen, Galle, Leber
Element: Wasser
Planet: Mond
Witterung: Wassertage
Gesundheit: Psychosomatische Symptome im Bauchbereich, sobald er unglücklich ist
Zugeordnetes Organ: Nerven
Stärken: Geduldig, empfindsam, liebenswürdig, häuslich, intuitiv
Schwächen: Launisch, unbeholfen, territorial
Talente: Ein leidenschaftlicher Seelentröster
Freunde: Skorpion, Fische, Stier, Jungfrau, Steinbock
Gegner: Widder, Schütze, Löwe, Zwillinge, Waage, Wassermann

Sein Lebensmotto

Wenn Frauchen etwas Leckeres kocht und Herrchen seinen Krimi liest, bin ich zufrieden mit meiner Welt.

Sein Charakter

Krebs-Hunde sind die gefühlvollsten aller Tierkreiszeichen und mögen es gar nicht, kritisiert zu werden. Diese Hunde haben immer gute Laune. Sie wissen intuitiv, wie wir uns fühlen, und sind die perfekten Seelentröster für uns Menschen. Allerdings herrschen sie ziemlich rigoros über ihr heimisches Reich und lehnen Kontakt zu Fremden oft total ab. Mit dieser rauen Schale versuchen sie vehement ihre kleinen empfindsamen Herzen vor Angriffen zu schützen.

Was ihn zum Juwel macht

Krebs-Hunde sind sensitive liebevolle Haustiere, die sich im Haus am wohlsten fühlen. Dein Krebs-Hund wird alles dafür tun, dich glücklich zu machen. Aber als Gegenleistung setzt er voraus, wie ein Familienmitglied behandelt zu werden. Oder besser gleich, wie eines deiner Kinder. Kurzum, er braucht vierundzwanzig Stunden am Tag Streicheleinheiten, Lob und Anerkennung.

Hast du mich noch lieb?
Dein Krebs-Hund reagiert übermäßig empfindsam auf Unstimmigkeiten oder Streit. Schrei ihn bitte niemals an. Vermeide auch familiäre Konflikte, wenn er in der Nähe ist. Dieser sensible Vierbeiner zieht sich sonst verzweifelt und unglücklich auf seine Decke zurück und verliert sofort das Vertrauen zu dir.
Er sitzt dann stundenlang enttäuscht und schmollend in der Ecke und wartet, bis du ihm mehrmals mit Worten und Liebkosungen beteuerst, dass alles wieder gut ist. Dein Krebs-Hund hat, mehr als andere Hunde, das Bedürfnis, gebraucht zu werden. Am liebsten ist es ihm, permanent von dir gestreichelt und getätschelt zu werden. Wenn du ihm deine Liebe auch noch mit »guter Hund« beteuerst, ist seine Welt absolut in Ordnung.

Trautes Heim – Glück allein
So richtig froh und zufrieden ist der Krebs-Hund nur zu Hause, und besonders glücklich ist er, wenn er auf deinem Schoß sitzen darf.
Dein Krebs-Hund genießt Bequemlichkeit und Frieden einer harmonischen Familie. Er braucht nicht nach draußen, um Abenteuer zu erleben.

Seine Kiste oder Kuschelecke ist ihm heilig. Hierher schleppt er alle seine ›Schätze‹, erfreut sich daran und beschützt alles leidenschaftlich. Seiner Meinung nach gehören ihm sowieso zwei Drittel aller Gegenstände deines Haushaltes. Also fast alles, was beweglich ist!
Es dauert lange, ihn davon zu überzeugen, dass es auch draußen wunderbare Dinge gibt, die es Wert sind, sein Heiligtum einmal zu verlassen.
Sehr emotional und intuitiv weiß dein Krebs-Hund immer, wie du dich fühlst und was du brauchst. Er spürt, wenn du müde bist – und wird sich ruhig verhalten. Solltest du einmal traurig sein, wird er dir tröstend die Hand lecken. Wenn du glücklich bist, sitzt er schwanzwedelnd und lächelnd auf seinem Platz und freut sich mit dir.

Der perfekte Babysitter
Dein Krebs-Hund fühlt sich zwischen Kindern pudelwohl. Kaum ein Kind hat jemals Angst vor ihm. Die Kids können ihm die Haare schneiden, ihm Zöpfe flechten oder seine Ohren untersuchen. Er wird sich alles geduldig gefallen lassen. Unter Aufsicht eines Erwachsenen wird er mit deinen Kindern herumtoben, sie zum Lachen bringen und sie natürlich beschützen.

Wer stört?
Aber er beschützt nicht nur Kinder. Dein Haus ist absolut sicher, wenn es von einem Krebs-Hund bewacht wird! So bequem er auch meistens ist, kann er sehr territorial und wütend werden, wenn es darum geht, Haus und Hof zu verteidigen. Lass deinen Krebs-Hund besser nicht frei herumlaufen, wenn fremde Menschen anwesend sind, das könnte schiefgehen!

Selbstherrlich wird er dich, deine Kinder und deinen Haushalt beschützen. Deshalb warnst du besser den Briefträger oder Handwerker davor, dass dein Hund nicht bereit ist, sein Refugium mit Fremden zu teilen!
Von Urlaubsreisen und fremden Ländern hält dein Krebs-Hund überhaupt nichts. Aber noch schlimmer ist es, wenn du ihn nicht mitnehmen kannst! Er spürt tagelang vorher, was du vorhast, da nützt auch keine Last-Minute-Buchung. Er hofft inständig, dass du seine Heimatverbundenheit teilst und das Haus möglichst selten verlässt.
Selbst wenn du einmal nur zum Arzt fährst, wartet er ängstlich und besorgt zu Hause auf deine Rückkehr. Am liebsten sind ihm gemütliche Abende zusammen mit der Familie. Dieser Hund braucht dich! Allein zu Hause gelassen fühlt er sich abgeschoben und ungeliebt.

Dr. Jekyll und Mister Hyde

Einmal im Monat wird die Anziehungskraft des Mondes deinen Krebs-Hund mit einem Gefühl von Unruhe befallen und ihn zu abnormalem Verhalten verleiten. Ob du es willst oder nicht, du wirst dich daran gewöhnen müssen, dass dein Krebs-Hund um Vollmond herum seltsame Verhaltensformen entwickelt.
Vielleicht beginnt er grundlos zu bellen, rennt wie ein Irrer durch den Garten oder schlingt plötzlich sein Futter wie ein Wolf hinunter und lässt dich nicht an seinen Napf. Wundere dich nicht, morgen ist der Spuk vorbei und dein kleiner Liebling wird wieder friedlich auf seinem Kissen liegen.
Dagegen ist sein Energielevel bei Neumond auf niedrigstem Stand und er ist kaum zu irgendwelchen Taten zu

aktivieren. Bei abnehmendem Mond braucht er viel Ruhe und Schlaf. Versuch, seine Mondnatur zu verstehen. Denn seine Stimmungen wachsen und schwinden wie die große Kugel am Firmament.

Was er sich von dir wünscht

- »Es würde mir gut gefallen, wenn du ein introvertierter Künstler oder Schriftsteller bist, und ich der Mittelpunkt deines Lebens sein darf.«

- »Behandle mich immer liebevoll und nachsichtig. Es tut mir weh, wenn du mit mir schimpfst oder ungeduldig an meiner Leine ruckelst.«

- »Ich brauche einen gutherzigen Besitzer, der mich verwöhnt und umsorgt wie ein hilfloses Baby. Gemütlichkeit und familiäre Harmonie sind das Wichtigste in meinem Leben.«

- »Es wäre prima, wenn du nicht ständig Leute mit zu uns nach Hause bringen würdest. Ich kann Fremde nicht leiden und werde auch nicht nett zu ihnen sein. Tierärzte und Hundefriseure mag ich erst recht nicht, die wollen mich ständig nur antatschen. Halte mir das bitte alles vom Hals.«

- »Ich brauche Wasser, Wasser und nochmals Wasser. Wenn wir nicht an einem See leben können, werde ich in jede Pfütze springen und mich in nassen Wiesen suhlen.«

Beste Freunde, ärgste Feinde

Fische, Skorpione oder auch Steinböcke sind die besten Besitzer oder Sozialpartner für den Krebs-Hund. Fische sind offen und nachgiebig, also bestens geeignet, die schwankenden Stimmungen des Krebs-Hunds zu ertragen. Obwohl er mit fast allen Menschen gut auskommt, wird er nicht gern mit Artgenossen von Widder, Schütze oder Löwe zusammenleben wollen. Diese Kombination von Feuer und Wasser kann kaum friedlich verlaufen.

Erfüll ihm seine Urlaubsträume

Eigentlich fühlt er sich zu Hause am wohlsten. Sein Lebensmotto ist ›My home is my castle‹. Es gibt kaum etwas, das ihn in die weite Welt hinauszieht. Außer vielleicht einer Sache – Wasser!
Dein Krebs-Hund ist ein absoluter Wasserfanatiker. Tobende Flüsse, ruhige Bergseen oder goldgelbe Strände ziehen ihn magisch an. Unter Palmen faulenzen, zur Abkühlung in sanften Wellen planschen und abends ein leckeres Stück Fischfilet genießen, so stellt er sich sein Paradies vor.
Die Malediven oder Seychellen könnten sein Herz erobern. Aber auch auf Sylt oder Usedom wird dein Hund sehr glückliche Zeiten verbringen. Auf einer Insel umgeben von Wasser vor sich den weiten Horizont, ist er in seinem absoluten Krebs-Element.

Das hält ihn fit und gesund

Krebs-Hunde mögen kein kommerzielles Futter. Ihr sensibles Verdauungssystem verlangt nach naturbelassener Nahrung ohne Konservierungsstoffe und künstliche Bestandteile. Er steht auf leckere Hausmannskost. Hier ist

Fantasie gefragt, denn was deinem Krebs-Hund nicht schmeckt, das rührt er auch nicht an.

An Krebstagen werden Kohlenhydrate besonders gut verwertet. Außerdem wirken B-Vitamine jetzt ausgleichend und stärkend auf das Nervenkostüm deines Hundes. Füttere mehr Haferflocken, Kartoffeln oder roten Reis, die enthalten besonders viel davon. Verzichte auf Öle, sonst reagiert sein Verdauungssystem empfindsam. Butter oder Kokosöl bekommen ihm aber sehr gut.

Seine sensibelsten Körperzonen

Die Verdauungsorgane sind sein Schwachpunkt. Sollte dein Krebs-Hund einmal erkranken, liegen die Ursachen meist in einer falschen Ernährung. Durchfall, Verstopfung oder übermäßige Entwicklung von Verdauungsgasen sind die Folgen.

Füttere hauptsächlich hochverdauliche Nahrung, die du auf zwei bis vier Mahlzeiten pro Tag verteilst. Das entlastet seinen gesamten Verdauungstrakt.

Harmonie der Sinne

Wasserzeichen werden von der Farbe Blau gelenkt und beeinflusst. Blau reguliert den Stoffwechsel, wirkt beruhigend und neutralisierend. Ein zu viel an Blau hat keine negativen Auswirkungen.

Sollte dein Hund überhaupt nicht hinaus wollen, aktivierst du ihn mit Rot oder Lila in seiner Umgebung. Benimmt er sich arg zickig im Hundesalon, nimm grüne oder gelbe Handtücher mit zum Hundefriseur.

Auf dem Speiseplan deines Hundes stehen hauptsächlich grüne Lebensmittel und gehackte Kräuter. Gib ihm reichlich Petersilie, Sellerieblätter, Brennnessel, Liebstöckel, Salbei oder Dill mit ins Futter.

Wellness für alle Hunde an Krebs-Tagen

- ✓ Wenn möglich, verschiebst du die Anwendung von Medikamenten, denn diese belasten den Organismus deines Hundes jetzt extrem stark.

- ✓ Verlange nichts von deinem Hund, was er nur lustlos oder gar nicht ausführen würde. Die Gemütstage sind ungeeignet zum Schimpfen und Bestrafen, Ärger reizt den empfindlichen Hundemagen!

- ✓ Abnehmende Krebs-Tage kannst du für Zahnbehandlungen bei deinem Hund nutzen. Aber auch Sterilisationen verlaufen besonders beschwerdefrei.

- ✓ Wenn dein Hund Hautprobleme hat, wirkt Brennnesseltee jetzt besonders intensiv zur Blutreinigung.

- ✗ Verschiebe Impfungen aller Art auf nächste Woche.

- ✗ Baden mit Shampoo oder ein Besuch beim Hundefriseur ist an Krebs-Tagen nicht empfehlenswert.

Löwe-Hunde

23. Juli bis 23. August

Herz und Seele deines Löwe-Hundes

Körperteil: Herz, Kreislauf, Blutdruck, Rücken
Element: Feuer
Planet: Sonne
Witterung: Wärmetage
Gesundheit: Anmutiger Körper, kann Rückenprobleme haben
Zugeordnetes Organ: Sinnesorgane
Stärken: Treu, mutig, zuverlässig, belastbar, verspielt, kreativ
Schwächen: Dominant, überheblich
Talente: Der geborene Showstar braucht immer Zuschauer
Freunde: Widder, Schütze, Zwillinge, Wassermann, Waage
Gegner: Jungfrau, Stier, Steinbock, Fische, Krebs, Skorpion

Sein Lebensmotto

Schau her! Ich bin der Schönste, kann alles besser und fürchte mich vor gar nichts.

Sein Charakter

Selbstbewusst und würdevoll, der Löwe-Hund verdient Respekt. Für alles, was er macht, will er Lob und Anerkennung. Es macht ihm Spaß, der König der Familie zu sein. Würdevoll wartet er auf schmackhaftes Futter, wohltuende Massagen und Liebkosungen.
Aber lass ihn sich diese Lorbeeren verdienen, gib deine Bewunderung nicht gratis an ihn ab. Lobe ihn beim Training ausgiebig und belohne seine guten Leistungen.

Was ihn zum Juwel macht

Der Löwe-Hund ist der König unter den Hunden. Stolze Erscheinung, aufrechte Haltung und autoritäre Persönlichkeit – er ist immer ein perfektes Exemplar seiner jeweiligen Rasse. Selbstsicher, furchtlos und stolz, ist dieser charismatische Hund ein idealer Show-Hund.

Löwe-Hunde sind ausgezeichnete Servicehunde und genießen es, für das Erfüllen einer Aufgabe geehrt zu werden.

In Pose bringen

Dein Löwe-Hund sieht sich selbst als etwas ganz Besonderes und möchte auch dementsprechend behandelt werden. Er ist der geborene Alphahund und Artgenossen sprechen ihm diesen Rang gern zu. Obwohl er ein anhänglicher, freundlicher Begleiter ist, kann er manchmal etwas tyrannisch reagieren.

Löwe-Hunde wissen genau, wie sie ihre Menschen um den Finger wickeln können, ohne dass diese wahrnehmen, wie sehr sie von ihren Hunden manipuliert werden. Wenn du als Besitzer zu nachgiebig bist, könnte sich das Zusammenleben mit deinem Löwe-Hund etwas schwierig erweisen. Dann wirst nämlich du selbst es sein, der in Zukunft den Ball zurückholt, und dein Hund schaut dir genüsslich dabei zu.

Dein Löwe-Hund braucht vom ersten Tag an klare Regeln, eindeutige Grenzen und einen souveränen, geduldigen Verbündeten. Wenn du das schaffst, hast du in ihm einen fantastischen Freund, der bereit ist, sein Leben zu opfern, um dich zu beschützen. Dieser Hund hat niemals Angst und eignet sich hervorragend zum Diensthund oder Polizeihund. Je mehr du ihm vertraust und zutraust, desto zuverlässiger wird er seine Aufgaben erfüllen. Als Blindenhund oder Therapiehund wird er überdurchschnittliche Leistungen erzielen.

Der geborene Schauspieler

Eine andere Facette des Löwe-Hundes ist sein Talent, sich in Szene zu setzen. Er hat eine natürliche Begabung, Unheil zu verursachen, die einfach amüsant und witzig ist. Er wird deine Schuhe verbuddeln, deine Gießkanne zum Nachbarn schleppen oder sich mit dem Nachrichtensprecher im Fernsehen unterhalten. Wenn du ihm interessiert zuschaust und ihm erlaubst, seine Verrücktheiten auszuleben, ist dein Löwe-Hund ein witziger Komiker, der gern Applaus hat.

Er ist der größte Angeber aller Zeiten und möchte immer im Rampenlicht stehen. Am liebsten wäre deinem Löwe-Hund eine Filmrolle beim Fernsehen oder gar in Hollywood. Dann würde ihn die ganze Welt bewundern und mit Lob überschütten, wenn er mit stolzem Gang über die Promenade spaziert.

Er liebt ein Leben in Prunk und Luxus. Spazierengehen im Designer-Halsband, dazu ein Mäntelchen aus Paris für kühle Tage und abends ein Filet-Mignon. Das ist die perfekte Welt deines Löwe-Hundes.

Artgenossen – Was ist das?

Der Löwe-Hund kann sich gegenüber Artgenossen als richtiger Snob entpuppen. Sein majestätischer Gang hält andere Hunde von Natur aus fern. Zu gegenseitigem Beschnüffeln und Sympathien wird es nur in seltenen Fällen kommen.

Er ist eitel und gutaussehend und er wird sich dementsprechend demonstrieren. Richtig gute Chancen auf seine Bekanntschaft haben eigentlich nur Artgenossen vom anderen Geschlecht.

Was er sich von dir wünscht

- »Du solltest Beziehungen haben zu Modell-Agenturen und wissen, wie man einen Fanclub leitet.«

- »Gehe mit mir zu Hunde-Ausstellungen, dann werden wir viele Preise gewinnen.«

- »Lass bei uns keine Langeweile aufkommen, ich bin ein Workaholic. Für Fernsehabende auf der Couch habe ich nichts übrig. Ich will lieber mit dir joggen gehen oder im Wald mit Hasen spielen.«

- »Halte mir andere Hunde und Katzen vom Leib.«

- »Du solltest immer wissen, was du willst, sonst bin ab morgen ICH der Chef.«

- »Lerne schnell, welche Dinge mir wichtig sind und halte sie immer bereit. Mein Lieblingsshampoo, selbstgemachte Leckerlies und meine Nappa-Lederjacke.«

Beste Freunde, ärgste Feinde

Mit Widder, Schütze oder Wassermann dürfte dein Löwe-Hund am besten auskommen. Aber bei seinem

Stolz und Tatendrang könnten selbst mit den sanftesten Artgenossen Reibereien entstehen.

Erfüll ihm seine Urlaubsträume

Sonne und Dolce Vita, das ist das Motto deines Hundes im Urlaub. Er möchte sehen und gesehen werden. Südfrankreich ist sein absolutes Lieblingsziel. Aber er ist auch von anderen mediterranen Ländern sehr angetan.
Miete dir wenigstens zwei Wochen im Jahr ein Ferienhaus im Mittelmeerraum. Etwas abgelegen, aber nahe genug, um abends auch am aufregenden Urlaubsleben teilzunehmen.
Spaziere mit deinem stolzen Hund über Uferpromenaden oder zeig ihm im offenen Cabrio die wunderschöne Umgebung deines Urlaubsortes.
Er wird dich auch gern auf Wanderungen durch Olivenhaine oder zu entlegenen Bauernhöfen begleiten. Wichtig ist, dass er immer genug Menschen trifft, die ihn gebührend beachten und bewundern. Verreise mit deinem Löwe-Hund in der Hauptsaison. Er wird Sonne und Trubel genießen, wie kaum ein anderer Hund.

Das hält ihn fit und gesund

Dem Löwen werden Früchte und Proteine zugeschrieben. Und genau das wird dein Hund auch am besten vertragen. Früchte oder Hüttenkäse bekommen seiner Gesundheit besonders gut. Diese leichte Kost mit etwas magerem Fleisch vermischt, entlastet sein Herz und stärkt seinen Kreislauf.

Seine sensibelsten Körperzonen

Sollte er sich körperlich zu viel zumuten, kann das zu Herz-Kreislauf-Problemen führen. Rassebedingt treten auch verstärkt Rückenprobleme auf.

Besonders im Hochsommer solltest du darauf achten, dass dein Löwe-Hund nicht ständig in der prallen Sonne herumtobt und auch nicht zu lange im erhitzten Auto auf dich warten muss.

Da er die Sonne liebt, solltest du seinen Hals und Brustbereich im Sommer öfter mit kaltem Wasser oder kalten Kompressen abkühlen.

Harmonie der Sinne

Verzichte bei einem sehr aktiven Löwe-Hund auf die Basisfarbe Rot in seinem Umkreis. Neutralisiere seinen Schwung mit gelben Kissen, gelber Futterschüssel und viel gelben Lebensmitteln wie Bananen, Äpfeln oder gelbem Paprika.

Verzichte auch auf sehr eiweißhaltige rote Fleischsorten. Füttere lieber Fischfilet, Kaninchen oder Pute. Falls dir Gelb nicht behagt, kannst du auch Grau als Gegenfarbe einsetzen.

Sollte dein Hund eher ruhig und ausgeglichen sein, brauchst du auf Rot nicht zu verzichten. Bring ihn mit rotem Fleisch und einem roten Halsband ruhig etwas auf Trapp.

Wellness für alle Hunde an Löwe-Tagen

- ✓ Lange Wanderungen, Hundesport oder Windhunderennen sollten an Löwe-Tagen stattfinden, weil gesunde Hunde alle körperlichen Belastungen dann besser als sonst vertragen.

- ✓ Lassen deinen Hund heute schwimmen, um seinen Rücken zu entlasten. Auch Hunde mit Gelenkbeschwerden sollten an Löwe-Tagen wenigstens fünf bis zehn Minuten schwimmen (nicht nur herumplantschen).

- ✓ Heute steht Fellpflege auf dem Tagesprogramm deines Hundes! Deinen Kurzhaar-Hund solltest du an Löwe-Tagen bürsten, dann wird das Fell besonders glänzend. Ein Langhaar-Hund sollte nur an Löwe-Tagen zum Hundefriseur gehen, um sich seine Mähne stutzen zu lassen. Ein stilgerechter Haarschnitt gelingt heute besonders gut.

- ✗ Vermeide Operationen oder chirurgische Eingriffe aller Art. Die Belastung einer Narkose ist heute zu stark für Kreislauf und Blutdruck deines Hundes!

Jungfrau-Hunde
24. August bis 23. September

Herz und Seele deines Jungfrau-Hundes

Körperteil: Bauchspeicheldrüse, Milz, Darm, Stoffwechsel
Element: Erde
Planet: Merkur
Witterung: Kältetage
Gesundheit: Leichter Hang zum Hypochonder
Zugeordnetes Organ: Blutkreislauf
Stärken: Anhänglich, kontaktfreudig, lebensfroh, reinlich
Schwächen: Nicht belastbar, feige, wählerisch
Talente: Er wird sein Spielzeug immer ordentlich aufräumen
Freunde: Stier, Steinbock, Fische, Krebs, Skorpion
Gegner: Widder, Schütze, Löwe, Wassermann, Zwillinge, Waage

Sein Lebensmotto

Über Waldwiesen spazieren und anschließend beim Picknick auserwählte Leckerlies genießen.

Sein Charakter

Jungfrau-Hunde sind aktiv, reinlich wie Katzen, absolut zuverlässig und absolute Perfektionisten. Ihr Schlafplatz ist niemals verknüllt, die Futterschüssel immer sorgsam ausgeleckt. Selbst nach mehrstündiger Abwesenheit wirst du mit diesem Hund keine bösen Überraschungen in deiner Wohnung vorfinden.

Was ihn zum Juwel macht

Dein Jungfrau-Hund ist loyal und anhänglich, aber erwartet Liebe und Herzlichkeit auch von dir. Er ist leichtführiger als andere Hunde und wird seine Rolle als dein fügsamer Begleiter ohne Protest annehmen.
Als dein Freund und Helfer versucht dieser Hund, alle deine Bedürfnisse perfekt zu erfüllen. Mit Freude wird er sich dir anpassen, denn dann braucht er nicht selbst die Verantwortung zu übernehmen.

Ordnung muss sein

Dein Jungfrau-Hund liebt Routine über alles. Sein ganzes Leben muss ordentlich und geregelt sein. Lass bitte niemals ein Taschentuch oder andere Gegenstände versehentlich auf seine Decke fallen. Er wird sich weigern, sich darauf zu legen, so lange du es nicht weggeräumt hast. Selbst auf einer zerknitterten Decke fühlt sich dein Jungfrau-Hund nicht wohl und reagiert sensibel wie die Prinzessin auf der Erbse. Er wird dich solange nerven, bis du alles schön glatt gestrichen hast, damit er ungestört schlafen kann.
Solltest du ständig deine Schlüssel oder deine Brille verlegen, bring ihm bei, solche Gegenstände zu finden. Mit seinem peniblen Ordnungssinn fällt ihm sofort auf, wenn etwas am falschen Platz liegt. Diesem Hund entgeht kein einziges Detail. Mit ihm wird jedes Haus blitzsauber, denn Schludrigkeit lässt er seinem Besitzer nicht durchgehen.
Aber auch mit sich selbst ist dein Jungfrau-Hund sehr pingelig. Er kann, wie eine Katze, stundenlang damit zubringen, sein Fell sauber und in Ordnung zu halten.
Er freut sich, wenn du ihn mit exklusivem Shampoo badest und liebt es, hinterher nach teurem Parfüm zu duf-

ten. Er schätzt Ästhetik über alles und das Beste ist für ihn gerade gut genug.

Empfindsam wie eine Mimose

Leider ist dieser Hund auch der Hypochonder der Hundewelt. Egal ob ihm ein Haar ins Gesicht hängt oder eine Fliege auf seinem Rücken sitzt, er wird sich benehmen, als wäre der Teufel hinter ihm her.

Das Gleiche gilt für seine Gesundheit. Sollte sich dein Jungfrau-Hund beim Spielen einmal ein Pfötchen leicht anstoßen, wird er wimmern und leiden, dass du denkst, er hätte sich das Bein gebrochen. Bleib gefasst und warte ein paar Minuten, er wird sich dann schnell wieder beruhigen.

Ist dein Jungfrau-Hund extrem demütig und besonders schüchtern? Lass ihn ein paar Aufgaben erledigen, z. B. dir den Beutel mit Wäscheklammern halten oder die Zeitung aus dem Briefkasten holen. Das wird sein Selbstbewusstsein stärken und macht garantiert euch beiden Spaß.

Jungfrau-Hunde sind die besten Hütehunde, egal ob Border Collie oder Chihuahua. Sie lieben die ständige Routine und werden nie müde, Tag für Tag das Gleiche zu tun.

Solltest du keine Schafe im Garten haben, lass deinen Hund sich im Haushalt nützlich machen. Er kann den Kindern morgens die Decke wegziehen, deine Socken zur Waschmaschine tragen oder dir die Zeitung bringen.

Immer wohlerzogen, mit einer Ausnahme

Dein Jungfrau-Hund sieht Routine nicht als Langeweile, sondern als eine ganz normale Gegebenheit, nach der euer gemeinsames Leben ablaufen sollte. Deswegen wird er sich auch nie beschweren, wenn du tagein tagaus immer wieder den gleichen Spazierweg benutzt. Auf Abweichungen und Änderungen reagiert er empfindsam wie eine Mimose.

Es liegt nahe, dass dieser Hund kaum jemals schlechte Manieren entwickeln wird. Jungfrau-Hunde werden mit der Fähigkeit geboren, ungehobeltes Verhalten zu vermeiden. Sie lieben Eintracht und Frieden. Herumbellen, Menschen anspringen oder Jogger jagen liegt ihnen völlig fern. Deine Freunde dürfen also durchaus teure Kleidung tragen, wenn sie zu dir zu Besuch kommen.

Trotz ihres guten Benehmens reagieren Jungfrau-Hunde gern etwas zickig auf Kinder. Sie mögen das ständige Angrabschen, Befummeln und Herum-geschleppt-werden überhaupt nicht. Sie wollen einfach nur in Ruhe gelassen werden.

Nimm deinen Jungfrau-Hund stets mit auf Reisen. Er mag zwar den Ortswechsel nicht, aber es ist ihm immer noch lieber, als ohne dich zu Hause zu bleiben. Wenn du ihn wirklich nicht in den Urlaub mitnehmen kannst, bringst du deinen Jungfrau-Hund unbedingt zu Menschen, die er kennt und denen er vertraut. In einer Hundepension zwischen fremden Menschen und Tieren fühlt er sich absolut unwohl.

Was er sich von dir wünscht

- »Bitte belade unser Heim nicht mit unnötigen Möbeln oder gar Sammlerstücken, da verliere ich den Überblick.«

- »Wenn du keine Fußbodenheizung hast, lege bitte schöne weiche Wollteppiche in unserem Badezimmer aus, denn hier werden wir uns sehr oft gemeinsam tummeln.«

- »Halte unsere Wohnung sauber oder beschäftige eine gewissenhafte Putzfrau. Staub, Schmutz und Unordnung machen mich nervös.«

- »Es freut mich, wenn du kreativ bist. Dann kannst du mein Hundebett weich auspolstern, mein Spielzeug selbst reparieren oder mein Halsband mit Strass verzieren.«

- »Hilf mir bitte, meine Talente auszuleben. Ich möchte auf zwei Beinen tanzen, verstecktes Spielzeug aufspüren und Gegenstände vollendet apportieren wie sonst kein anderer Hund.«

Beste Freunde, ärgste Feinde

Stier, Steinbock und Fische eignen sich am besten als Zweithund oder zur Paarung. Schütze, Wassermann oder Zwillinge werden sich nicht mit deinem Jungfrau-Hund anfreunden.
Hundebesitzer, die im Skorpion geboren sind, werden den Jungfrau-Hund auf Dauer etwas langweilig finden, er bietet ihnen zu wenige Herausforderungen.

Erfüll ihm seine Urlaubsträume

Er liebt die einfache Natur, ursprüngliche Landschaften und unberührte Gegenden. Dein Hund wird dich bereitwillig in die Lüneburger Heide, die Wachau oder in die

Bretagne begleiten. Auf einer Frühlingswiese voller Blumen und wilder Kräuter herumzuschnüffeln, ist ein wahres Vergnügen für seine sensible Nase.

Städte, Touristenzentren und laute Plätze mag dieser Hund überhaupt nicht. Motorenlärm, Abgase, Gedränge in engen Gassen oder kreischende Menschen verunsichern ihn. Er braucht es gepflegt und beschaulich.

Außerdem liebt dein Jungfrau-Hund entspannende Massagen, Reiki und jede Art der exklusiven Körperpflege. Schenk ihm an seinem Geburtstag einen Tag in einem noblen Hunde-Wellness-Salon, in dem er dann von Kopf bis Fuß verwöhnt wird.

Das hält ihn fit und gesund

Füttere deinem Jungfrau-Hund möglichst kein Öl, es wird von seinem Verdauungssystem nicht gut verwertet. Halte deinen Hund also nicht nur fern von Wurst, sondern auch von Käse oder öligen Soßen.

Eine bessere Fettquelle wäre Kokosöl. Gib auch Ballaststoffe wie Hirse, Haferflocken oder gemahlene Leinsamen mit ins Futter. Sellerie wirkt besonders ausgleichend, wenn dein Hund Verdauungsprobleme hat. Auberginen aktivieren sein Immunsystem.

Seine sensibelsten Körperzonen

Die gesamte Bauchhöhle, Zwölffingerdarm, Bauchspeicheldrüse, Milz und die Verdauungsorgane sollten beim Jungfrau-Hund ganz besonders gehegt werden. Sehr stärkend wirken Nahrung und Maßnahmen, bei denen die Verdauung angeregt wird. Dazu gehören Bauchmassagen, Kräutertees, naturbelassene Nahrung und nicht zuletzt ein ruhiger, stabiler Lebensrhythmus.

Sollte dein Hund an Verdauungsproblemen leiden, kannst du diese mit Massagen positiv beeinflussen. Der Körperkontakt und die Berührungen werden euch beiden in jedem Fall guttun. Streichle dazu den Bauch deines Hundes kreisförmig im Uhrzeigersinn. Beginne außen, mit großen Kreisen, die du immer weiter verkleinerst, bis du nur noch in der Bauchmitte kleine Kreise ziehst. Massiere allmählich wieder bis zum äußeren Rand des Bauches. Eine solche Massage darf ruhig zehn bis fünfzehn Minuten dauern.

Harmonie der Sinne

Du kannst durch die Wahl der Farben die Wirkung deiner Massage noch intensivieren. Bei Durchfall arbeitest du mit der Grundfarbe der Jungfrau, Grün. Lass deinen Hund also auf einer grünen Decke liegen, um seine Verdauungsorgane zu beruhigen. Du selbst kannst auch grüne Kleidung tragen. Vermeide Gelb in der Umgebung deines Hundes, füttere auch keine gelben Nahrungsmittel. Bei Verstopfung arbeitest du mit der Farbe Orange, um Magen, Darm und Leber wieder anzuregen.
Verzichte auf ausgelassene Aktivitäten wie Springen und Rennen. Gönne dir selbst und deinem Hund eine Pause. Setz dich lieber mit ihm an ein Flussufer oder auf eine Parkbank und lass den Tag geruhsam vorbeiziehen.

Wellness für alle Hunde an Jungfrau-Tagen

- ✓ Sollte dein Hund an Hautproblemen leiden, sind jetzt Blutreinigungs- und Brennesseltees besonders effektiv. Pfefferminz- oder Fencheltee entfaltet seine volle Wirkung gegen Darmprobleme.

- ✓ Jetzt ist die richtige Zeit, bei deinem Hund den Zahnstein zu entfernen oder sonstige Zahn- und Kieferbehandlungen durchführen zu lassen.

- ✓ Bei abnehmendem Jungfrau-Mond wirkt eine Behandlung rissiger Ballen besonders heilend.

- ✓ Kleine Wunden oder Verletzungen verlaufen nun harmlos und heilen schnell.

- ✗ Sorge für Ruhe und Harmonie. Vermeide Veränderungen und Stress. Wenn die tägliche Routine deines Hundes durcheinandergerät, kann er Unsicherheiten und Ängste entwickeln, die zu Verdauungsproblemen führen.

- ✗ Meide Operationen an Verdauungsorganen, Milz und Bauchspeicheldrüse.

Waage-Hunde
24. September bis 23. Oktober

Herz und Seele deines Waage-Hundes

Körperteil: Nieren, Blase, Hüfte
Element: Luft
Planet: Venus
Witterung: Lichttage
Gesundheit: Tendenz zu Übergewicht
Zugeordnetes Organ: Drüsen
Stärken: Ausgeglichen, anhänglich, treu
Schwächen: Unselbständig, phlegmatisch,
Talente: Er kann tatsächlich in Zeitlupe apportieren
Freunde: Zwillinge, Wassermann, Widder, Löwe, Schütze
Gegner: Stier, Steinbock, Jungfrau, Fische, Skorpion, Krebs

Sein Lebensmotto

Mein Frauchen morgens zum Yoga-Unterricht begleiten, mittags mit Herrchen meditieren und abends ein saftiges Steak genießen.

Sein Charakter

Waage-Hunde sind interessante, zartbesaitete Tiere, die jedermanns Freund sein wollen. Sie brauchen viele soziale Kontakte, sind charmant, unkompliziert und sehr gesellig.

Was ihn zum Juwel macht

Dein Waage-Hund will immer bei dir sein oder zwischen deinen Gästen. Er liebt Partys und ist gern bereit, ein paar Kunststücke vorzuführen. Obwohl er es genießt, im Mittelpunkt zu stehen, fordert er die Aufmerksamkeit der Menschen niemals ein. Er steht eben gern im Rampenlicht, fühlt sich aber auch hinter den Kulissen sehr wohl. Gesellschaftlicher Trubel oder wenigstens das Leben in einer Großfamilie ist das Mindeste, was du deinem Waage-Hund bieten solltest.

Sein Hang zur Geselligkeit lässt ihn mit allen Menschen und anderen Hunden gut auskommen. Er ist so taktvoll und angenehm, dass er selbst Hündinnen niemals ›einfach so‹ besteigen würde. Ohne angemessenes Vorspiel läuft beim Waage-Rüden gar nichts.

Die Waage-Hündin ist etwas anders veranlagt. Sie möchte interessierte Bewerber nicht vor den Kopf stoßen und kann einfach nicht »Nein!« sagen. Das heißt, wenn du nicht den Wunsch hast, mit deiner Waage-Hündin zu züchten, solltest du ganz früh an Sterilisation denken! Solltest du züchten wollen, pass gut auf, denn deine Waage-Hündin wird auch einen verdreckten Streuner nicht vor der Gartentür warten lassen!

Eine weitere nette Eigenschaft deines Waage-Hundes ist seine Pfiffigkeit. Er wird immer einen Weg finden, um seinen Ball aus der dunkelsten Ecke zu apportieren. Dabei ist ihm völlig egal, was ihm im Weg steht. Er springt über Tische, kriecht unter den Fernsehsessel oder schiebt Blumentöpfe beiseite, um an sein Lieblingsspielzeug hinter der Kommode heranzukommen. Sollte dabei etwas zu Bruch gehen, wird er dich mit seinen großen unschuldigen Augen um Vergebung bitten.

Diesen flehenden Blicken kannst du niemals widerstehen, er hat es ja wirklich nicht so gemeint. Du tust also gut daran, deine Wohnung vom ersten Tag an hundegerecht einzurichten.

Einer für alle – alle für einen

Dein Waage-Hund ist eine liebenswürdige Seele, mit einem außergewöhnlichen Sinn für Gerechtigkeit. Für ihn steht außer Frage: Was für den Menschen gilt, trifft auch auf den Hund zu.

Mit anderen Worten, wenn du möchtest, dass dein Waage-Hund auf dem Teppich schläft, dann erwartet er von dir das Gleiche! Er wird sich weigern, draußen im Zwinger zu leben, solange du nicht bereit bist, auch dein Lager neben ihm aufzuschlagen.

Dein Waage-Hund wird niemals akzeptieren, wie ein Hund behandelt zu werden, während du ein königliches Leben führst. Dieser Hund wird dich bald von seiner Lebensphilosophie überzeugen. Warum sollte er geschmackloses Fertigfutter essen, wenn du Schnitzel auf dem Teller hast? Warum sollte er sich draußen im Regen lösen, während du das in der trockenen Wohnung tust?

Mit mir nicht

Bereite dich auch auf die Sturheit deines Waage-Hundes vor. Was er nicht will, wird er nicht tun. Lass ihn in diesen Momenten einfach in Ruhe, es ist sinnlos ihn zu irgendetwas zwingen zu wollen.

Er erlangt sowieso innerhalb kürzester Zeit Mitspracherecht in deinem Familienrat. Sein Gehorsam wird nachlassen, sein Futter muss immer leckerer schmecken und körperliche Anstrengung wird er bald ganz vermeiden. Er wird nur über die Baumstämme im Wald springen, wenn das auch ordentlich mit Leckerlies belohnt wird. Ohne angemessene Bezahlung macht er sich die Mühe nicht mehr. Aber er liebt dich nach wie vor, ist immer rücksichtsvoll und benimmt sich wohlerzogen.

Auch vom Alleine bleiben hält er absolut nichts. Lass deinen Waage-Hund möglichst nicht mehr als zwei Stunden ohne Gesellschaft. Wenn es ihm zu lange dauert, gibt er deinen Nachbarn ein herzzerreißendes Konzert in allen Oktaven, angefangen von Quietschen über Winseln bis zum beleidigten Kläffen. Also, selbst wenn du nur eine Zeitung am Kiosk holen willst, nimm deinen Hund mit, er wird diesen Kurztrip genießen.

Was er sich von dir wünscht

- »Es wäre schön, wenn du ein eigenes Restaurant oder einen kleinen Laden hättest. Dann könnte ich viele nette Menschen treffen.«

- »Ich will immer an deiner Seite sein, nur dann sind wir ein unschlagbares Team.«

- »Du solltest über den Dingen stehen und immer einen klaren Kopf bewahren. Ich mag keine Revolutionäre und Weltverbesserer mit verrückten Ideen. Ruhe und Besinnlichkeit haben bei mir Priorität.«

- »Sei immer ehrlich und fair. Wenn du mich belügst oder meine Gutmütigkeit ausnutzt, werde ich das spüren und bekomme Nierenschmerzen.«

»Ich bin Weltmeister im Flirten. Du kannst mich problemlos als Magnet für das andere Geschlecht einsetzen. Mit meinem Charme werde ich all deine Eroberungen sofort um den Finger wickeln und in unseren Bann ziehen.«

Beste Freunde, ärgste Feinde

Ein im Sternzeichen Löwe geborener Hundebesitzer passt am besten, er kann den dreisten Forderungen des Waage-Hundes souverän standhalten. Diese Verbindung lässt beide Partner aufblühen, sie bringt das Gute in beiden zum Vorschein.

Auch Zwillinge und Wassermann sind harmonische Gegenpole für den Waage-Hund, während Stier- oder Skorpion-Besitzer kaum mit ihm zurechtkommen werden. Der starke Charakter beider Tierkreiszeichen kann das begrenzte Selbstvertrauen des Waage-Hundes restlos unterminieren.

Erfüll ihm seine Urlaubsträume

Ihn zieht es nicht unbedingt in die weite Welt hinaus, er liebt es dafür geschmackvoll. Fünf-Sterne-Hotels sind gerade gut genug für den Waage-Hund.

Sein Urlaub könnte in Venedig mit einer Gondelfahrt beginnen, danach begleitet er dich im mondänen Venice Simplon-Orient-Express über Florenz nach Rom. Den krönenden Abschluss bildet dann ein elegantes Frühstück im Pariser Park Hyatt, um entspannt und glücklich die Heimreise anzutreten.

Aber auch in Monaco oder im Tessin kann er sich fabelhaft entspannen und gemeinsam mit dir wunderschöne Urlaubstage verbringen.

Für Abenteuerurlaub oder Überlebenstraining eignet sich dein Waage-Hund weniger, das entspricht nicht seinem anspruchsvollen Naturell. Die Einsamkeit sucht er auch nicht. Ihm ist schon recht, wenn du viele nette Reisebekanntschaften machst, die ihn gebührend mit Aufmerksamkeit und kleinen Geschenken verwöhnen.

Das hält ihn fit und gesund

Waage-Hunde lieben gutes Essen und neigen zu Übergewicht. Deswegen solltest du deinen Hund lieber von fettigen Speisen fernhalten. An Waage-Tagen werden Vitamine und Mineralien vom Körper besonders gut vertragen. Auf dem Speisezettel stehen also Kartoffeln, Äpfel, Birnen, Bananen, Artischocken, gelbe Paprika und ganz viel frisch gehackte Petersilie als Vitamin-C Lieferanten.

Seine sensibelsten Körperzonen

Bei ihm sind die Nieren, Blase und Harnleiter besonders empfindlich. Aber auch die Hüfte, die Lendenwirbel und die Leistengegend werden vom Tierkreiszeichen Waage beherrscht. Du solltest deinen Hund also möglichst vor Unterkühlung schützen und keine körperlichen Höchstleistungen von ihm verlangen.

Harmonie der Sinne

Das Gelb der Waage unterstützt hauptsächlich Drüsen und Schleimhäute deines Hundes. Es regt aber auch Leber- und Gallenfunktion an. Das Streben nach Harmonie ist jetzt besonders stark. Die Seele deines Hundes entspannt fabelhaft, wenn er auf einer gelben Decke schlafen kann. Sollte er zu teilnahmslos reagieren, aktivierst du seine Sinne mit der Gegenfarbe Rot in seiner Nahrung und der Umgebung. Füttere rote Bete, rote Paprika oder rote Äpfel. Solltest du keine rote Hundedecke besitzen, hilft es auch, wenn du selbst rote Kleidung trägst.

Wellness für alle Hunde an Waage-Tagen

- ✓ Lass deinen Hund besonders nachmittags reichlich trinken, um Blase und Nieren kräftig durchzuspülen. Zwischen 15.00 und 19.00 Uhr sollte seine Wasserschüssel immer gut gefüllt sein.

- ✓ Entwässernde Kräutertees (Löwenzahn oder Brennnessel) wirken jetzt besonders intensiv. Wenn dein Hund den Tee nachmittags handwarm trinkt, entfaltet er seine Wirkung auf den Körper noch besser.

- ✗ Lass deinen Hund nicht auf kalten Böden oder in feuchtem Gras liegen. Eine Unterkühlung führt jetzt extrem schnell zu Blasen- und Nierenentzündungen. Vermeide auch Zugluft im Auto oder im Zwinger. Kurzhaar-Hunde sollten ein Mäntelchen tragen um besser geschützt zu sein.

- ✗ Vermeide hohe Sprünge und jegliche (Über)-Belastung der Hüften.

Skorpion-Hunde
24. Oktober bis 22. November

Herz und Seele deines Skorpion-Hundes

Körperteil: Sexualorgane, Anus
Element: Wasser
Planet: Pluto
Witterung: Wassertage
Gesundheit: Sehr widerstandsfähig und gutaussehend
Zugeordnetes Organ: Nerven
Stärken: Loyal, belastbar, liebevoll, leistungsfähig, emotional
Schwächen: Widerspenstig, hartnäckig, unabhängig, autoritär
Talente: Sein sechster Sinn arbeitet tadellos
Freunde: Krebs, Fische, Stier, Jungfrau, Steinbock
Gegner: Waage, Zwilling, Wassermann, Widder, Löwe, Schütze

Sein Lebensmotto

Ich will deine dunkelsten Seiten erforschen, deine geheimsten Wünsche aufdecken, und deine wahre Seele erkennen.

Sein Charakter

Skorpion-Hunde sind emotional, intuitiv und absolut loyal. Sie unterscheiden strikt zwischen gut und böse, und wählen niemals den mittleren Weg. Kein Hund der anderen Zeichen hat derart unbestechliche, scharfsinnige Wahrnehmungskräfte.

Was ihn zum Juwel macht

Dein Skorpion-Hund ist sehr empfindsam und teilnahmsvoll, hat aber auch einen hochgradigen Beschützerinstinkt.

Er ist ein Hund der Extreme, für ihn gibt es nur Schwarz oder Weiß, Grautöne kennt er nicht. Dein Skorpion-Hund liebt oder hasst mit leidenschaftlicher Intensität. Er ist entweder jemandes bester Freund oder sein ärgster Feind. Sobald er dein Freund ist, wird er dich mit jeder Faser seines Herzens verteidigen! Wer ihn dagegen misshandelt oder ärgert, wird für immer sein Feind bleiben!

Genau wie ihre menschlichen Gegenstücke vergessen oder vergeben Skorpion-Hunde niemals! Er wird zwar kaum aus Rache beißen, zeigt aber seine Ablehnung sehr deutlich in Form von striktem Ignorieren oder bösem Knurren. Wer es einmal mit deinem Skorpion-Hund verdorben hat, braucht sehr viel Geduld und Einfühlungsvermögen, um sich dessen Vertrauen erneut zu verdienen.

Grenzenloser Optimist

Dieser Hund ist der loyalste unter seinen Artgenossen, aber auch der hartnäckigste. Er hält sich selbst nämlich für den perfekten Hund, was allerdings nicht immer zutrifft.

Sein gesamtes Leben ist auf Selbstbestätigung ausgerichtet. Diese Selbstsicherheit und Unabhängigkeit kann einen Hundebesitzer zum Wahnsinn treiben. In Gegenwart anderer Hunde beansprucht er sofort die Führungsposition, außer wenn ein Löwe-Hund anwesend ist. Nur diesem würde er sich eventuell beugen, leider nicht immer kampflos.

Idealer Jagdhund

Dein Skorpion-Hund ist der geborene Schnüffelhund. Sein ausgeprägter Geruchssinn macht es möglich, dass er selbst die kleinsten Geruchspartikel aufspüren kann. Im Skorpion geborene Bluthunde, Cocker Spaniel oder andere Spürhunde sind oft in der Lage absolute Höchstleistungen zu vollbringen.

Allerdings sind Skorpion-Hunde nicht nur gut im Aufspüren, sondern auch im Verstecken. Gut riechende Sachen versteckt dein Hund gern unter seinem Kissen oder verbuddelt sie im Garten.

Die meisten Skorpion-Hunde besitzen eine gewaltige physische Ausdauer, sind aber keine Ausreisser. Sie lieben ihr Nest und ihre Familien über alles. Freu dich darüber!

Aufgrund dieser Robustheit wird dein Skorpion-Hund nur sehr selten die Hilfe eines Tierarztes benötigen. Fahre regelmäßig zum See oder an einen Fluss beziehungsweise ans Wasser mit ihm, dann kann er sich nach Herzenslust austoben und schläft abends glücklich und zufrieden in seinem Körbchen ein.

Ein Meisterdetektiv

Unterschätze nicht die mystischen Kräfte deines Skorpion-Hundes. Trotzdem er starke Belastungen und Stress problemlos meistern kann, wird er dir immer mitteilen, wenn er etwas Verdächtiges sieht oder hört. Seine Antennen arbeiten unübertroffen. Die meisten unsichtbaren Wesen, die er aufspürt sind harmlos. Oft ist es nur eine verirrte Maus oder ein trockener Zweig, der zu Boden fällt. Aber diese ständige Alarmbereitschaft kann für ruheliebende Menschen belastend sein. Er selbst hat damit keine Probleme. Für den Skorpion-Hund wird eine Situation erst dann kritisch, wenn er ganz ruhig wird und sich hinter dem Sofa oder unter das Bett zurückzieht.

Heiß und innig

Beide Geschlechter der Skorpion-Hunde sind leidenschaftliche Zuchtpartner. Der Rüde deckt mit Freude alle Hündinnen in der Stadt. Wenn er nicht sterilisiert wird, wimmelt es in der gesamten Nachbarschaft bald von seinen Nachkommen. Skorpion-Hündinnen sind etwas wählerischer, da sie eine Vorliebe für Alpha-Rüden entwickeln. Sollte es nicht zur Trächtigkeit kommen, entfalten sie eine verstärkte Tendenz zu Scheinschwangerschaften.

Unergründlich und tiefsinnig

Dieser Hund liebt das Leben und sucht ständig nach Herausforderungen. Dein Skorpion-Hund ist auf keinen Fall ein Mitläufer, sondern braucht einen gewissen Nervenkitzel, um sich lebendig zu fühlen.
Wenn du ihn nicht mit Hundesport, Agility oder Dog-Dancing auslastest, sucht er sich seine Bestätigung selbst. Auf verbotene oder auch gefährliche Situationen nimmt er dabei keine Rücksicht. Er liebt die Gefahr und springt auch furchtlos aus dem fahrenden Auto, nur um einer Katze hinterher zu jagen.
Genau diese Leidenschaftlichkeit macht deinen Skorpion-Hund aber auch besonders empfindsam. Seine super sensible Seele braucht extrem viel Aufmerksamkeit, um sich wirklich geliebt zu fühlen. Am meisten fürchtet er,

dass du ihn eines Tages im Stich lassen könntest oder deine Zuneigung für ihn erlischt. Dieser Hund ist so leidenschaftlich, dass er sofort spüren würde, wenn deine Liebe und Sympathie für ihn nachlässt.

Natürlich trägt er diese Verletzbarkeit nicht zur Schau. Er versteckt seine Gefühle gekonnt unter einem Deckmantel aus stolzer Zurückhaltung und Überlegenheit. Es kann vorkommen, dass er dir tagelang die kalte Schulter zeigt und dich partout nicht anschauen will. Wenn das passiert, ist er wirklich zutiefst verletzt. Verwöhne ihn jetzt etwas mehr als sonst, um ihm deine unsterbliche Liebe erneut zu beweisen.

Versuche nicht, deinen Skorpion-Hund zu disziplinieren, er ignoriert es sowieso. Schimpfen ist absolut sinnlos bei ihm. Er schaut dann brav zu dir auf, hört sich gelassen deine Moralpredigt an und denkt sich seinen eigenen Teil. Wenn es einmal ganz dick kommt, schläft er mittendrin ganz einfach ein und dein Ärger lässt ihn total kalt.

Was er sich von dir wünscht

- »Würdest du auf einem Nadelkissen schlafen, um mir deine Liebe zu beweisen? Dann passen wir zusammen! Ich brauche einen Besitzer, der für mich zu jedem Opfer bereit ist. Denn ich bin der Einzige, der für dich durch's Feuer gehen würde.«

- »Sprich nicht zu mir in Babysprache und stopfe mich nicht mit Leckerlies voll. Ich bin kein süßes Plüschtier, sondern ein echter Hund. Sag, was du denkst und tu, was du sagst, ansonsten verliere ich den Respekt vor dir.«

🐾 »Dein Selbstfindungstrip sollte bereits abgeschlossen sein. Ich mag keine gemäßigten Tugenden des mittleren Weges, um Buddha in mir zu finden. Es sind die mystischen Geheimnisse und verbotenen Wege, die mein Herz wirklich höher schlagen lassen.«

🐾 »Ich bin sensibel und brauche täglich mindestens acht Stunden ruhigen Schlaf. Aber vom Frühaufstehen halte ich nicht besonders viel. Am liebsten schlafe ich tagsüber und schaue mir abends mit dir den Sonnenuntergang an.«

🐾 »Versuche nicht, mir deinen Willen aufzudrücken oder mich zu etwas zu zwingen, ich werde es sowieso nicht tun.«

🐾 »Halte dich bitte zurück, wenn uns andere Hunde begegnen. Überschütte sie nicht mit Liebenswürdigkeiten. Ich bin eifersüchtig und habe keine Lust, dich mit meinen Artgenossen zu teilen.«

Beste Freunde, ärgste Feinde

Zu Paarungszwecken verstehen sich zwei Skorpion-Hunde problemlos. Sie haben das gleiche Machtbedürfnis, respektieren aber die Persönlichkeit des anderen. Ein Alltagsleben mit zwei Skorpion-Hunden funktioniert allerdings nicht so reibungslos. Denn ein Zweithund wird von Skorpion-Hunden meist abgelehnt.
Nachbarhunde, die im Stier geboren sind, haben oft eine gute Chance auf Freundschaft mit dem Skorpion-Hund.

Als Hundebesitzer eignet sich ein Krebs am besten. Alle anderen Menschen beißen sich am Skorpion-Hund die Zähne aus. Sie wären seiner beachtlichen Persönlichkeit und fast magischen Ausstrahlung hilflos ausgeliefert. Die Tiefgründigkeit eines Skorpion-Hundes ist einfach nicht zu unterschätzen.

Erfüll ihm seine Urlaubsträume

Er hat keine Vorliebe für bestimmte Länder oder Kontinente. Was dieser Hund braucht, ist Abwechslung und Action. Im Kanu die Schwedischen Seengebiete erkunden, mit Kompass und Geländewagen Island erforschen oder eine Trekkingtour durch die Sierra Nevada.
Du kannst auch mit dem Fahrrad durch die Provence radeln, dein Hund wird mit Begeisterung neben dem Rad herlaufen. Dein Skorpion-Hund wird die Herausforderungen eurer gemeinsamen Abenteuer gut meistern und sich gern an alle neuen Situationen anpassen. Er wird an all deinen Aktivitäten begeistert teilhaben, Hauptsache es kommt keine Langeweile auf.
Ein Urlaub im All-Inklusive-Hotel ist nicht nach seinem Geschmack. Den ganzen Tag am Pool zu liegen, hält er für Zeitverschwendung, das bringt ihn schnell auf ›dumme Gedanken‹.

Das hält ihn fit und gesund

Skorpion-Hunde brauchen sehr viel Grünzeug wie Petersilie, frischen Spinat oder Sellerieblätter, weil es viel Vitamin E enthält, was die Fortpflanzungsorgane gesund hält. Um die Fruchtbarkeit deines Hundes zu gewährleisten, gibst du gelegentlich auch einen Klecks Butter mit in sein Futter.

Seine sensibelsten Körperzonen

Selbst diese ansonsten widerstandsfähigen Hunde haben ihre gesundheitlichen Zipperlein. Erkrankungen der Geschlechtsorgane, Analdrüsen oder des Mastdarmes treten häufiger auf als bei anderen Hunden. Auch Hundetripper, Hodenhochstand, Gesäuge-Entzündungen oder Pyometra werden dem Skorpion zugeordnet.

Harmonie der Sinne

Die Farbe Grün stärkt nicht nur die Fortpflanzungsorgane, sondern entspannt auch das Nervenkostüm deines hoch sensiblen Skorpion-Hundes. Außer grünem Blattgemüse kannst du auch Paprika oder Fenchel füttern.

Im Krankheitsfall entfalten grüne Decken und Kissen ihre fiebersenkende und entzündungshemmende Wirkung auf deinen Hund. Bei Nieren- und Blasenproblemen hat die Gegenfarbe Gelb einen stärkeren Einfluss und diese Organe heilen schneller.

Wellness für alle Hunde an Skorpion-Tagen

- ✓ An Skorpion-Tagen werden physische Kräfte mobilisiert und dein Hund ist zu Höchstleistungen fähig. Allerdings nur, wenn er wirklich zufrieden mit sich und der Welt ist. Denn seine Psyche ist jetzt schnell angeschlagen und leicht verletzlich. Vermeide alles Schimpfen oder Bestrafen, dann wird dein Hund jede Prüfung spielend meistern.

- ✓ Jede Form von Wassertherapie tut deinem Hund an diesen Tagen besonders gut. Dazu gehören Sitzbäder, Trinkkuren oder einfach nur das Herumtoben am Ufer eines Gewässers.

- ✓ Hunde mit Hautkrankheiten profitieren an Skorpion-Tagen von einem Vollbad mit Meersalz.

- ✓ Hunde mit HD, Arthrose und anderen Gelenkerkrankungen sollten besonders an Wassertagen ausdauernd schwimmen. Beginne mit nur einer Minute und steigere allmählich auf fünf Minuten. Danach legst du eine Minute Pause ein. Wiederhole diese Intervalle, solange dein Hund Freude daran hat.

- ✓ Trinkkuren zum Entschlacken und zur Blutreinigung wirken nun besonders effektiv. Geeignet sind Tees von Mate, Brennessel, Fenchel oder Schachtelhalm.

- ✓ Sanfte Massagen mit Hand oder Bürste regen die Körperflüssigkeiten deines Hundes an und aktivieren damit den Zellstoffwechsel und die Durchblutung seiner Organe.

- ✗ Vermeide eine Unterkühlung deines Hundes, nicht nur im Freien! Achte darauf, dass er auch im Haus nicht auf kalten Böden liegt. Sollte er nicht auf seiner Decke liegenbleiben, lass ihn ein Höschen tragen, das seine Beckengegend warm hält.

- ✗ Umgehe Operationen an den Geschlechtsorganen, Blase, Nieren und im Darmbereich.

- ✗ Achte an Vollmond im Skorpion sorgfältiger auf deine trächtige Hündin, denn es besteht die erhöhte Gefahr einer Fehlgeburt.

Schütze-Hunde

23. November bis 21. Dezember

Herz und Seele deines Schütze-Hundes

Körperteil: Oberschenkel, Hüfte, Becken, Muskelsystem
Element: Feuer
Planet: Jupiter
Witterung: Wärmetage
Gesundheit: Gesünder als die meisten anderen Hunde
Zugeordnetes Organ: Sinnesorgane
Stärken: Naturverbunden, friedfertig, lebensfroh, abenteuerlustig
Schwächen: Leicht reizbar, tollpatschig, rastlos, eigenwillig
Talente: Der geborene Jäger
Freunde: Widder, Löwe, Zwillinge, Waage, Wasserman
Gegner: Fische, Krebs, Skorpion, Stier, Jungfrau, Steinbock

Sein Lebensmotto

Ich möchte einmal um den Erdball reisen, tropischen Schmetterlingen nachjagen und mit Kängurus um die Wette laufen.

Sein Charakter

Schütze-Hunde sind leidenschaftliche Forscher und Jäger. Es sind ›Draußen‹-Hunde, die viel Auslauf brauchen, und viel Platz, um sich ohne Leine auszutoben! Ein Bauernhof wäre die perfekte Umgebung für diese Energiebündel.

Immer aktiv, guter Laune und optimistisch wird dein Schütze-Hund deinen Tag aufhellen, auch wenn du noch so traurig bist. Nimm ihn so oft es geht mit auf Reisen. Er ist ein idealer Reisebegleiter, der Abenteuer liebt und mit Veränderungen leicht zurechtkommt.

Was ihn zum Juwel macht

Beim Schütze-Hund kann eintreten, was bei anderen Hunden niemals funktioniert: Seine Macken können sich mit zunehmendem Alter tatsächlich auswachsen. Wirklich erwachsen wird er zwar nie, aber es lohnt sich, seine ausgelassene Welpenzeit mit Geduld und Humor zu ertragen. Als Senior, mit der gehörigen Portion Lebenserfahrung, ist er ein aufmerksamer, zuverlässiger Begleiter, der mit dir durch Dick und Dünn gehen wird.

Glücklich, verspielt und voller Neugier

Dein Schütze-Hund gehört zu dem wohl glücklichsten aller Tierkreiszeichen. Seine Lebensfreude wirkt ansteckend und aufmunternd wie das Lächeln eines Kindes. Dieser liebenswerte Vierbeiner ist an allem interessiert, was um ihn herum geschieht. Er begegnet neuen Lebenssituationen, Menschen oder Ereignissen immer heiter und zuversichtlich.

Seinem liebenswerten Charme kann sich kaum jemand entziehen. Das frohe Gemüt und sein unbeirrter Forscherdrang machen ihn zu einem ausgezeichneten Schüler. Er lernt alles, was du ihm beibringen willst, jedoch kann er sich nicht so recht für das Ausführen auf Kommando erwärmen. Er tut schon, was du von ihm verlangst, aber erst, wenn ER es will. Eventuell muss er vorher noch eine Fliege jagen oder einen Maulwurf aus seinem Bau vertreiben.

Seine hoffnungsfrohe Neugier drängt ihn auf den Grund aller Dinge: unter das Bett, hinter den Schuppen oder in das Blumenbeet. Dabei kann einige Unordnung entstehen und manchmal auch Dreck.

Ordnungsliebende Hundebesitzer werden damit ihre liebe Not haben. Finde dich damit ab, dein Schütze-Hund ist ein passionierter Jäger, der immer etwas erschnüffeln oder aufspüren will. Er jagt aber nicht, um zu töten. Im Gegenteil, er möchte mit Maulwurf, Käfer & Mäusen ganz einfach nur spielen und um die Wette rennen.

Schütze-Hunde sind gutmütig und sehr sozial veranlagt. Sie bringen sogar ›Findeltiere‹ mit nach Hause, die sie dann mitfühlend versorgen.

Freiheitsliebender Frischluftfanatiker

Dein Schütze-Hund braucht frische Luft und freies Feld, wie andere Hunde Streicheln und Knuddeln. Er will über Wiesen rennen und das Leben in freier Natur genießen. Egal wo, Hauptsache draußen.

Seine grenzenlose Liebe gehört einem Leben auf dem Land. Hier kann er sich austoben, andere Tiere beobachten und täglich neue Abenteuer erleben. Er ist ein durchweg aktiver Hund, dessen Parole ›Leben‹ heißt, und zwar 365 Tage im Jahr. Wenn du diese Veranlagung nicht beherzigst, kann es passieren, dass dein Schütze-Hund eines Tages verschwunden ist, durch den selbst gegrabenen Tunnel bis nach Italien oder Afrika.

Versuche niemals, deinen Schütze-Hund für längere Zeit eingesperrt zu halten. Er könnte es nicht ertragen und wird dir die größten Schwierigkeiten machen. Dabei gibt er sich nicht mit lautem Bellen zufrieden. Er wird auch deine Tapeten abreißen, Teppiche und Gardinen zerfetzen oder deine kostbare Tür zerkratzen. Je kleiner der Raum, desto schlimmer seine Panikreaktion.

Eingesperrt und seiner Freiheit beraubt, ist dieser Hund absolut unglücklich und wird dir das unmissverständlich zu verstehen geben.

Einmal um die ganze Welt

Wenn du ihm etwas Gutes tun willst, nimmst du ihn mit auf Reisen. Der Gedanke an eine Trekkingtour im Himalaya oder einen langen Sommeraufenthalt im Süden, lässt die Augen deines Schütze-Hundes strahlen. Er liebt exotische Düfte, fremdartige Menschen und frischen Wind um seine Nase. Sobald er sich an eine neue Umgebung gewöhnt hat, benimmt er sich völlig zwanglos, als hätte er nie woanders gelebt.
Dein Schütze-Hund braucht neue Eindrücke und lernt begeistert wichtige Schlüsselworte wie »Gassi gehen« oder »Futter« in fremden Sprachen, um seinen Horizont zu erweitern. Nach ein paar Wochen voller Abenteuer und neuer Erlebnisse kehrt er zufrieden in seine eigene kleine Welt zurück, wissend, dass er sich hier am wohlsten fühlt.
Diese Weltoffenheit bedeutet aber nicht, dass sich dein Schütze-Hund problemlos überall woanders unterbringen lässt. Unter einer Trennung von seinem Besitzer leidet er sehr. Es verwirrt ihn, wenn er nicht bei dir sein darf. Ja, er findet es schlichtweg unfair und lieblos, wenn du ohne ihn in den Urlaub fährst. Denn schließlich will er doch mit dir gemeinsam die Welt erobern und neue Freunde finden. Enttäusche ihn also nicht.

Robust und widerstandsfähig

Gesünder als die meisten Hunde anderer Tierkreiszeichen, wird dein Schütze-Hund nur Schaden nehmen, wenn sein Übermut mit ihm durchgeht und er tollpatschig über

Stock und Stein galoppiert. Beulen, Verstauchungen und Bänderrisse sind bei ihm an der Tagesordnung. Halte also Beinschiene und Stützverband immer in deiner Notfallapotheke parat. Du wirst diese Hilfsmittel öfter brauchen als du denkst.

Schütze-Hunde sind sehr unabhängig und beurteilen ihre Besitzer nach eigenen Kriterien. Entweder kann er sich für dich erwärmen oder er tut es nicht. Es ist ihm völlig egal, was du davon hälst. Seine Entscheidung basiert auf deiner Qualität als Mensch und Rudelführer. Schwächlingen und Langweilern kann er nicht folgen, wird sich aber höflich ignorant mit ihnen arrangieren. Man kann sich seine Menschen eben nicht selbst aussuchen.

Aber egal, was dein Schütze-Hund von dir hält, dein Leben mit ihm ist bestimmt voll Heiterkeit und guter Laune. Er wird dir zeigen wie das geht. Vergiss also deine Sorgen und alle düsteren Gedanken! Auf geht's zum Lachse fangen nach Alaska oder zur Löwensafari nach Afrika! Mit einem Schütze-Hund an deiner Seite wird dein Leben niemals langweilig verlaufen.

Was er sich von dir wünscht

- »Du solltest ein Förster oder Jäger sein, damit ich täglich mit dir durch den Wald streifen und Wild aufspüren kann.«

- »Falls du einen anderen Beruf ausübst, musst du in deiner Freizeit unbedingt einem Fahrradclub oder Wanderverein angehören. Bist du nicht? Also, das Mindeste ist, dass du emsig Beeren und Pilze sammelst, sonst wird das nichts mit uns beiden.«

🐾 »Ich möchte auf einem Bauernhof leben oder wenigstens in Waldnähe. Hier kann ich den ganzen Tag im Freien verbringen, meinen Schnüffeltrieb so richtig ausleben, und die Düfte der Natur genießen.«

🐾 »Sperre mich nicht ins Badezimmer, wenn du zur Arbeit gehst, ich werde dir das heimzahlen!«

🐾 »Wenn du dir teure Fernreisen nicht leisten kannst, lass uns Campingurlaub am See machen! Dann können wir unter freiem Sternenhimmel gemeinsam von fremden Ländern träumen.«

🐾 »Ruiniere nicht meine Lebensfreude mit pessimistischen Gedanken. Je optimistischer du bist, desto glücklicher werde ich wedeln. Genießen wir unser Leben wie eine endlose Fleischwurst oder ein Glas vom edelsten Rotwein.«

🐾 »Sei ehrlich mit mir. Wenn du sagst, du gehst nur kurz Lotto spielen, komme nicht erst nach fünf Stunden zurück. Das würde mich kränken.«

🐾 »Unser gemeinsames Leben wird wie ein Jubiläum sein. Ich begleite dich zu Partys, in den Zirkus und Vergnügungsparks. Hauptsache ist, wir haben Spaß zusammen.«

Beste Freunde, ärgste Feinde

Der beste Begleiter wird immer ein Widder sein, gleichgültig ob Mensch oder Hund. Beide haben eine Vorliebe für Abenteuer und genießen die harmlosen Auseinandersetzungen, die unwillkürlich bei ihrem Aufeinandertreffen entstehen. »Wer ist schöner, stärker oder schlauer als ich?« Keine andere Konstellation kann so hingebungsvoll miteinander kommunizieren.

Erfüll ihm seine Urlaubsträume

Er träumt von Weite, Freiheit und Abenteuern. Er möchte neben Vollblutpferden über die ewigen Weiten der ungarischen Puszta galoppieren. Oder auf den Spuren Dschingis Khans mit Nomaden durch die Steppengebiete der Gobi ziehen. Besonders aufregend findet er nächtliche Lagerfeuer oder Dinner-Partys mit vielen fröhlichen Leuten. Denn dabei fallen stets diverse Köstlichkeiten der fremdländischen Küche für ihn ab.

Urlaub heißt für deinen Schütze-Hund auf keinen Fall faulenzen. Er will aktiv sein und neue Menschen und Artgenossen kennenlernen. Dein Hund ist nicht sterilisiert? Dann werden am Urlaubsort garantiert bald ein paar Welpen geboren, die ihm aufs Haar ähnlich sehen.

Immer auf der Suche nach Anerkennung und Bestätigung freut sich der Schütze-Hund enorm, wenn Menschen einer anderen Kultur ihn herzig oder liebenswert finden. Noch besser ist es natürlich, wenn auch das eine oder andere exotische Leckerli dabei herausspringt.

Das hält ihn fit und gesund

Rote Nahrungsmittel stärken das Immunsystem deines Hundes und regen seine Durchblutung an. Rote Beete, rote Paprika, rote Äpfel oder Wassermelonen enthalten darüber hinaus reichlich Antioxidantien, um freie Radikale in seinem Körper zu neutralisieren. Eiweiß und Früchte verträgt er besonders gut. Wenn dein Hund Verdauungsprobleme hat oder zu dick ist, vermische tierische Proteine nicht mit pflanzlichen. Also z. B. nicht Hülsenfrüchte oder Algen zusammen mit Fleisch füttern.

Seine sensibelsten Körperzonen

Seine Gesundheit ist stabil und wird dir keine Sorgen bereiten. Dein Schütze-Hund wird selten wirklich krank. Nur Beckenbereich und Oberschenkel sind etwas anfällig. Zu viel Aktivität kann bei ihm Muskelverspannungen verursachen. Falls dein Hund zu einer großen Rasse gehört, solltest du hohe Sprünge vermeiden, um sein Hüftgelenk zu schonen. Weite Sprünge sind eher harmlos, da sie die Vorderbeine belasten.

Harmonie der Sinne

Schütze-Hunde sind zwar immer in Bewegung, aber trotzdem nicht hyperaktiv. Ihr Element ist das Feuer, dargestellt durch die Farbe Rot. Wenn dein Schütze Hund sehr dynamisch und immer auf dem Sprung ist, kannst du ihn mit hellblauen Accessoires etwas beruhigen. Hellblaue Kissen oder ein schickes blaues Halstuch helfen dabei, seinen enormen Bewegungsdrang etwas zu mäßigen. Da es, außer Auberginen, kaum blaues Gemüse für Hunde gibt, fütterst du Gelbes aller Art wie gelbe Paprika, Kartoffeln, Sonnenblumenkerne geschrotet oder Honigmelone.

Wellness für alle Hunde an Schütze-Tagen

- ✓ Die Schütze-Tage sind im Allgemeinen der Gesundheit zugeschrieben. Dein Hund fühlt sich fit und ist voller Tatendrang.

- ✓ Lass deinen Hund so oft er möchte in der Sonne toben oder ausruhen, dann kann sein Körper besonders viel Vitamin-D bilden. Das ist wichtig für eine gesunde Haut.

- ✓ Einen älteren oder behinderten Hund kannst du an Schütze-Tagen gut mental beschäftigen. Bring ihm bei, dir die Schuhe auszuziehen oder Klavier zu spielen.

- ✓ Streichmassagen der Hüften und Beine tun deinem Hund heute besonders gut

- ✓ Durch Bewegung erzeugen die Muskeln Wärme im Körper, diese wiederum kann Krankheiten abwehren. Rennen und toben an frischer Luft, ist also jetzt besonders gesundheitsfördernd.

- ✓ Bei dynamischen Sportarten wie Agility, Schlittenziehen oder bei Hüte-Wettbewerben erreichen Schütze-Hunde an diesen Tagen besonders gute Leistungen.

- ✗ Mute deinem Hund aber auch an den vitalen Schütze-Tagen nicht zu viel zu. Bei Überforderung kann es zu Muskelschmerzen, Bänderrissen und Sehnenverletzungen kommen.

- ✗ Vermeide Operationen der Beine und des Bewegungsapparates.

Steinbock-Hunde

22. Dezember bis 20. Januar

Herz und Seele deines Steinbock-Hundes

Körperteil: Haut, Knochen, Gelenke, Knie, Knorpel
Element: Erde
Planet: Saturn
Witterung: Kältetage
Gesundheit: Perfekter Körperbau, anfällig für Erkältungen
Zugeordnetes Organ: Blutkreislauf
Stärken: Zurückhaltend, ausdauernd, wählerisch, artig
Schwächen: Stur, hartnäckig, distanziert
Talente: Liebt Perfektion in jeder Form
Freunde: Stier, Jungfrau, Krebs, Fische, Skorpion
Gegner: Löwe, Schütze, Widder, Waage, Wassermann, Zwillinge

Sein Lebensmotto

Ich habe unser Leben fest im Griff und sorge dafür, dass alles reibungslos funktioniert.

Sein Charakter

Steinbock-Hunde sind geduldig, diszipliniert und brav. Sie müssen nicht ständig rennen und herumtoben. Was dein Steinbock-Hund wirklich genießt, ist eine richtige Aufgabe. Er will deine Einkaufstasche tragen, dir deine Schuhe ausziehen und sich im Haushalt nützlich machen.
Ein verantwortungsvoller Einsatz als Blindenhund, Therapiehund oder Babysitter macht ihn besonders glücklich. Er liebt ein harmonisches Umfeld, das auf Güte und Zuneigung gestützt ist.

Was ihn zum Juwel macht

Von Natur aus zurückhaltend, reserviert und äußerst diplomatisch, ist dein Steinbock-Hund ein sehr angenehmes und zugängliches Haustier. Er macht sich gern nützlich, kann aber auch geduldig die familiäre Routine beobachten, wenn gerade nichts für ihn zu tun ist.

Gemütlich und besonnen

Steinbock-Hunde sind keine ausgeflippten Clowns, sie sind eher ernst und melancholisch. Viele von ihnen wirken von Geburt an etwas alt, werden aber mit den Jahren immer hübscher. Halte das stoische Aussehen nicht für schlechte Laune oder Unmut. Es ist ein Ausdruck von Würde, den dein Hund ganz gezielt einsetzt, um seine seriöse Persönlichkeit hervorzuheben.

Seine Weisheit und hohe Lebensmoral machen den Steinbock-Hund zum guten Vorbild für andere Hunde in seinem Umfeld. Er eignet sich bestens als Assistent eines Hundetrainers. Andere Hunde werden seiner ruhigen Ausstrahlung stets vertrauen und gern folgen.

Auch sein soziales Benehmen im Bus oder im Restaurant ist exzellent. Mitmenschen und andere Hundebesitzer werden sein würdevolles, ruhiges Verhalten immer wieder loben.

Diese Gelassenheit hat natürlich auch ihre Schattenseite. Dein Saturn-regierter Steinbock-Hund braucht für vieles einfach länger als andere Hunde. Gemütliche Spaziergänge mit Senioren machen ihn glücklich. Dabei kann er jeden Stein und jede Blume genau beschnuppern. Joggen oder zügiges gemeinsames Laufen kann für aktive Menschen zur Qual werden, weil er ständig zurückbleiben will.

Null Bock

Dein friedlicher, stabiler Steinbock-Hund hat natürlich, wie alle Hunde, nicht nur positive Seiten. Er hat die Tendenz, stur zu reagieren und deine Anweisungen ganz einfach zu ignorieren, wenn er keine Lust dazu hat. Diese Launenhaftigkeit ist sein größter Fehler. Diese Zickereien passieren meistens, wenn er sich übergangen fühlt.

Dein Steinbock-Hund will Aufmerksamkeit manchmal erzwingen, und wenn er sie nicht bekommt, reagiert er beleidigt. Versuch nicht, ihn zu besänftigen. Seine Hartnäckigkeit in diesen Situationen ist frustrierend, und jeder Versöhnungsversuch sinnlos. In solchen Momenten solltest du ihn ganz einfach ignorieren und in seiner Ecke schmollen lassen, bis er irgendwann ausgebockt hat.

Das geht mit links

Der große Vorteil deines Steinbock-Hundes ist seine Bereitschaft, hart zu arbeiten. Auf Leckerlies legt er dabei keinen Wert. Er möchte sich mit seinem Einsatz als Diensthund, Hütehund oder Haushaltshelfer deinen Respekt und deine Bewunderung verdienen. Lobe ihn ausgiebig nach getaner Arbeit. Zeig deinem Steinbock-Hund, wie stolz du auf ihn bist. Das macht ihn glücklicher als jede Futterbelohnung.

Ordnung muss sein

Dieser Hund ist der geduldigste und erwachsenste aller Hunde; sei froh, dieses Juwel bei dir zu haben. Er weiß, dass es einen erfahrenen Anführer geben muss, wenn das Leben glatt und bequem ablaufen soll. Dein Steinbock-Hund wird dir die Rolle des Rudelführers gern überlassen, ohne die Rangordnung ständig in Frage zu stellen.

Dieser Hund kommt sehr gut mit sich selbst klar, wenn du ihn einmal alleine lassen musst. Mit ihm erlebst du keine bösen Überraschungen. Hervorragend diszipliniert, wird er weder Kissen zerfetzen noch Möbel zerkauen oder sinnlos herumbellen. Selbstbeherrscht und gut erzogen wird er artig auf deine Rückkehr warten. Dieses kooperative Verhalten darfst du natürlich mit einem Leckerli belohnen, als Anerkennung für sein gutes Benehmen.

Die Klarheit deines Steinbock-Hundes mag für dich manchmal schwer nachvollziehbar sein. Er mag Regeln und Strukturen, passt sich seinen Menschen gern an und verursacht kaum Probleme. Aber wenn du ihn in den Arm nehmen oder mit ihm knuddeln möchtest, zieht er sich zurück. Dieser Hund braucht viel Anerkennung, aber ein Schmusehund ist er nicht.

Aufgrund seiner Gründlichkeit braucht dein Steinbock-Hund natürlich einen gewissen Lebensstandard, Sauberkeit und Ordnung. Am wohlsten fühlt er sich in einem aufgeräumten Haushalt mit flauschigen Teppichen und gemütlichen Sitzkissen. Hier wird er zum perfekten Familienmitglied, das niemals mit schmutzigen Pfoten nach Hause kommen wird.

Was er sich von dir wünscht

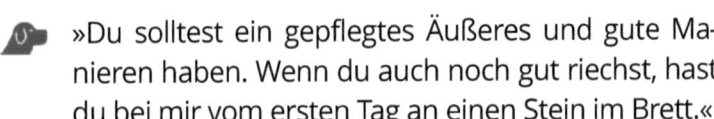 »Du solltest ein gepflegtes Äußeres und gute Manieren haben. Wenn du auch noch gut riechst, hast du bei mir vom ersten Tag an einen Stein im Brett.«

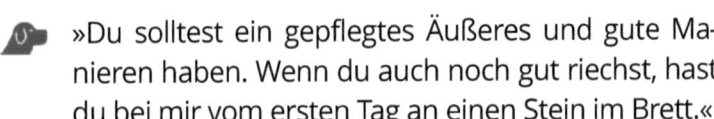 »Ich möchte einen Besitzer, der beruflich erfolgreich ist, damit wir regelmäßig zum Einkaufsbum-

mel in die City fahren und schöne Dinge kaufen können.«

- »Ein Lotterleben ohne Moral und Disziplin kann ich nicht führen. Am behaglichsten fühle ich mich bei einem wohlhabenden Menschen dem Tradition und Ordnung wichtig sind.«

- »Ich brauche keinen großen Garten zum Toben und Rennen. Eine behagliche Penthouse-Wohnung oder ein stilvolles Atelier reichen mir zum Glücklichsein.«

- »Gib mir eine verantwortungsvolle Aufgabe, und du wirst staunen, welche Leistungen ich vollbringen kann.«

- »Bist du ein zuverlässiger Mensch mit einem regelmäßigen, strukturierten Lebensrhythmus? Dann werde ich dir gern folgen und dich ewig respektieren.«

Beste Freunde, ärgste Feinde

Ein Steinbock-Mensch passt wunderbar zu ihm, da beide ein niveauvolles geordnetes Leben führen möchten. Ein Jungfrau-Partner würde ebenfalls gut passen, weil er den Steinbock-Hund mit seiner erdverbundenen Nüchternheit am meisten beeindruckt. Auch Skorpion- und Fische-Besitzer werden sehr gut mit ihm klarkommen. Nur Zwillinge- und Widder-Menschen sollten sich möglichst fernhalten, diese Verbindungen funktionieren nur selten.

Erfüll ihm seine Urlaubsträume

Dieser charakterfeste, beständige Vierbeiner legt keinen Wert auf Rummel und mondäne Urlaubsziele. Auch die Gegend ist ihm nicht besonders wichtig. Er fährt genauso gern mit dir ins luftige Gebirge wie ans raue Meer.
Aber er legt großen Wert darauf, dass der Urlaubsort abgelegen ist und eine gewisse Einsamkeit garantiert. Dein Steinbock-Hund wird es genießen, mit dir durch stille Wälder zu wandern oder in einem entlegenen Bergsee zu schwimmen. Auf Ibiza oder in New York fühlt er sich nicht besonders wohl. Hier wird er zum Stubenhocker, der sich verkriecht und nur für die dringendsten Geschäfte nach draußen geht.
Solltest du sehr kulturinteressiert sein, besuche kleine, historische Städtchen. Dein Steinbock-Hund wird dich dort gern in Museen oder zu anderen Sehenswürdigkeiten begleiten. Wenn du die Nebensaison nutzt, kann dein Hund vielleicht sogar Ruhe und Entspannung in einer Stadt finden.

Das hält ihn fit und gesund

Ernähre deinen Steinbock-Hund eiweiß- und kalziumreich, um seine Knochen und Gelenke zu stärken. Quark, Naturjoghurt, Hüttenkäse oder frische Knochen braucht er besonders reichlich. Auch mageres Fleisch, Fisch, Kartoffeln, Eier oder geraspelte Kokosnuss sollten auf seinem Speiseplan stehen. Vermeide purinhaltige Lebensmittel wie fettes Fleisch, Wurst, Geflügelhaut, Hering oder Ölsardinen.

Seine sensibelsten Körperzonen

Knochen, Gelenke und Knie gehören zu den gesundheitlichen Schwachpunkten deines Steinbock-Hundes. Er ist besonders anfällig für Knochenbrüche, Rheuma, Hüftleiden und Hautprobleme. Um ernsthafte Krankheiten zu vermeiden, solltest du ihn abwechslungsreich und ausgewogen ernähren. Vermeide kommerzielles Futter, Konservierungsstoffe, Farbstoffe und andere Schlackebildende Futtermittel.

Harmonie der Sinne

Entsprechend seiner zugeordneten Farbe Grün, hat dein Steinbock-Hund ein ziemlich nüchternes und gesetztes Temperament. Weder Katzen noch tobende Kinder werden ihn jemals aus der Fassung bringen. Je nachdem, wie sehr du ihn aktivieren möchtest, bringst du Orange oder sogar Rot in seine Umgebung. Als anregende Nahrung eignen sich gelbe oder rote Paprika, Wassermelone oder rotes Fleisch sehr gut.

Wenn dir sein pragmatischer Geist behagt und dein eigener Energielevel auch recht niedrig ist, dann verzichtest du auf den Einsatz roter Farbe. Lass deinen Steinbock-Hund wie er ist, mit all seinem reservierten Gleichmut.

Wellness für alle Hunde an Steinbock-Tagen

- ✓ Diese Tage sind, besonders im zunehmenden Mond, gut geeignet für Hautbehandlungen, Hautpackungen und Fellpflege.

- ✓ Nahrungsbezogene Heilverfahren oder Diäten sind jetzt sehr wirksam. Dazu gehören Behandlungen mit Heilpflanzen, Kräutertees oder Entschlackungskuren.

- ✓ Kräuter, Pflanzen und Gemüse, die unter der Erde wachsen, entfalten jetzt ihre höchste Wirksamkeit (Karotten, Sellerie, Rote Beete, Schwarzwurzeln, Steckrüben, Pastinaken). Sie enthalten extrem viele Vitamine und sind reich an Ballaststoffen und Spurenelementen.

- ✓ Sollte dein Hund an Verstopfung leiden, massierst du seinen Bauch an Steinbock-Tagen im Uhrzeigersinn. Das regt seine Darmtätigkeit an und lockert die Verfestigung.

- ✗ Vermeide eine Überlastung der Kniegelenke. Lass deinen Hund lieber auf Rasen oder Sand laufen, statt auf Asphalt oder unwegsamem Gelände.

- ✗ Vermeide Leistungssport und körperliche Überanstrengung deines Hundes.

- ✗ Verschiebe orthopädische Operationen am Bewegungsapparat um wenigstens eine Woche.

Wassermann-Hunde

21. Januar bis 19. Februar

Herz und Seele deines Wassermann-Hundes

Körperteil: Knöchel, Sprunggelenke, Achillessehne
Element: Luft
Planet: Uranus
Witterung: Licht
Gesundheit: Sein Seelenfrieden bewirkt eine stabile Gesundheit
Zugeordnetes Organ: Drüsen
Stärken: Charakterfest, neugierig, anhänglich, originell
Schwächen: Eigensinnig, distanziert
Talente: Dieser Hund will immer alles besser wissen
Freunde: Zwillinge, Waage, Löwe, Widder, Schütze
Gegner: Fische, Krebs, Skorpion, Stier, Jungfrau, Steinbock

Sein Lebensmotto

Ich brauche jede Menge interessante Freunde. Deswegen bin ich Mitglied im Hundeverein, im Flyballclub und in einer Agilitygruppe.

Sein Charakter

Wassermann-Hunde sind anhänglich, individualistisch, etwas verrückt und absolut wissbegierig. Um diesen Hund glücklich zu machen, musst du dir schon etwas einfallen lassen! Er ist eine echte Herausforderung.
Dein Leben mit ihm wird gewiss nicht langweilig oder durchschnittlich verlaufen. Kaum ein anderer Hund in deiner Nachbarschaft zeigt so viel Individualität.

Was ihn zum Juwel macht

Dein Wassermann-Hund ist ein treuer, geselliger und amüsanter Begleiter. Wenn auch manchmal etwas cool, liebt er dich dennoch bedingungslos. Ihm ist egal, wer du bist oder was du besitzt. Allerdings, je ausgeflippter du bist, desto lieber ist es ihm.
Obwohl dein Wassermann-Hund loyal und anhänglich ist, darfst du keine großartigen Liebesbeweise oder Schmusestunden erwarten. Er braucht weder inniges Kuscheln, noch will er auf deinem Schoß sitzen.
Deine Gegenwart macht ihn absolut glücklich und zufrieden, er will nicht mit Liebe erstickt werden. Lass ihm seinen Seelenfrieden. Dieser unabhängige und schöpferische Hund folgt seinen eigenen Regeln. Versuche nicht, ihn zu verstehen, das wäre Zeitverschwendung.

Er liebt sie alle

Dieser Hund ist der menschlichste unter den Tierkreiszeichen, etwas schrullig, total liebenswert und absolut verständnisvoll. Du wirst es deutlich merken, wenn du mit ihm redest. Dann hört er dir gespannt zu, als verstehe er jedes Wort. Und je nachdem, um was es geht, antwortet er dann auch mit sanftem Fiepen oder mit bestärkendem Bellen.
Dein Wassermann-Hund ist sehr empfänglich dafür, wie du dich an verschiedenen Tagen fühlst. Wenn du traurig bist, wird er ruhig neben dir sitzen und geduldig warten, bis du dich ihm wieder zuwendest. Wenn du dich über etwas freust, springt er aufgeregt durch die Wohnung und teilt seine Begeisterung mit dir.
Freundlichkeit ist seine absolute Stärke. Besucher empfängt der Wassermann-Hund mit freudigem Schwanz-

wedeln, und versucht sie sofort in seinen Bann zu ziehen. Sobald er sich der Gunst eines Gastes sicher ist, wird er ihn für den Rest des Abends mit Ballspielen und anderen Aktivitäten für sich beanspruchen.

Überhaupt liebt dieser Hund ein volles Haus. Familie, Freunde, Nachbarn oder Artgenossen sind ihm immer willkommen. Am liebsten lebt er bei einer Großfamilie, mit mehreren Generationen unter einem Dach.

Speziell im Umgang mit Kindern ist der Wassermann-Hund wirklich begnadet. Größeren Kindern ist er ein fröhlicher Spielkamerad, kleinere Kinder beschützt er, als seien es seine eigenen Welpen.

Natürlich gilt immer, kleine Kinder nie ohne einen Erwachsenen allein im Haus zu lassen. Aber zumindest werden Kinder von einem Wassermann-Hund gut behütet und angeregt beschäftigt. Er wird alles tun um ›seine‹ Menschenkinder vor Gefahr und Schaden zu schützen.

Sein Heim ist seine Festung

Er ist ein guter Wohnungshund, ausgeglichen und zuverlässig. Er wird nicht wild herumbellen oder deine Wohnung in ein Schlachtfeld verwandeln, wenn er einmal allein zu Hause bleiben muss. Bis zu deiner Rückkehr wird dieser Hund in aller Ruhe über den Sinn des Lebens nachdenken und sich über uns Menschen wundern. Dein Wassermann-Hund ist einfach dazu geboren, die Wahrheit über alles und jeden herauszufinden.

Warum ist die Banane krumm?

Dieser kluge Rebell lernt sehr schnell. Normalerweise wird er schon beim ersten Mal begreifen, was du von ihm erwartest. Aber ausführen wird er deine Signale oft nur, wenn er es auch will. Unterordnungsübungen findet er total öde. Dein Wassermann-Hund ist wirklich zu Höherem geboren, und interessiert sich für alle Gebiete unserer menschlichen Welt. Er ist der Einstein auf vier Pfoten. Dieser Hund ist so helle, dass er wahrscheinlich dein Notebook reparieren könnte, wenn du es ihm erlauben würdest. Mit Sicherheit wird er dich für ein paar Jahre auf Trab halten. Mit ihm solltest du immer auf alles Unmögliche gefasst sein.

Eigentlich ist dein Hund Lichtjahre von uns einfachen Menschen entfernt und immer bereit, die Geheimnisse des Universums zu entschlüsseln. Irgendwie haben Wassermann-Hunde nicht viel gemeinsam mit ihren Artgenossen. Sie könnten durchaus von einem noch unentdeckten Planeten stammen.

Deshalb, zwinge deinen Liebling zu nichts, lass ihn einfach machen. Dein Wassermann-Hund hat keine ernsten Verhaltensprobleme und wird keine großen Schäden verursachen. Gib ihm ruhig die Freiheit sich auszudrücken und das Dasein auf unserer Erde zu erforschen.

Vielleicht ist er einfach nur bei dir, um dich zu tieferen Erkenntnissen zu führen? Lass dir von deinem schlauen Hund ruhig ein paar neue Lebensweisheiten vermitteln. Er freut sich, wenn du sein unkonventionelles Wesen ernst nimmst und mit seiner Originalität leben kannst. Dein Wassermann-Hund liebt Menschen, Tiere und die Natur. Seine exzentrischen Eigenarten helfen dir, deinen Sinn für Humor zu bewahren.

Was er sich von dir wünscht

- »Ich mag Führungspersönlichkeiten, keine Mitläufer. Jemand, der dazu bereit ist, auch gegen den Strom zu schwimmen. Ich suche einen wirklichen Kumpel, einen Menschen, dem unsere Freundschaft wichtiger ist als alles andere.«

- »Es sollte dir egal sein, was andere Menschen von uns halten. Lass uns im Dunkeln Gassi gehen, dann kann ich heimlich auf Nachbars Grundstück Pipi machen.«

- »Du solltest mit beiden Beinen im Leben stehen und vor nichts Angst haben. Weder vor deinem Chef noch vor deiner Schwiegermutter!«

- »Soziale Kontakte stimmen mich heiter. Es wäre schön, wenn du wenigstens zwei Clubs angehörst. Zu denen begleite ich dich dann immer, um viele schlaue Zweibeiner zu treffen.«

- »Ich will Menschen beeindrucken und ihnen imponieren. Isolation oder langes Warten im Nebenzimmer kann ich nicht ertragen, es macht mich depressiv.«

- »Es wäre wünschenswert, dass du bereits verheiratet bist und ein solides Leben führst. Vom Single-Dasein halte ich nicht viel, weil ich dann ständig vor der Tür schlafen muss, statt neben deinem Bett.«

»Bitte suche dir nur Freunde, die auch Hundebesitzer sind, dann habe ich immer viele Spielkameraden und jede Menge Abwechslung. Oder wie wäre es mit einem zweiten Hundi bei uns zu Hause, den ich nur für mich haben kann? Das wäre fein.«

Beste Freunde, ärgste Feinde

Ein Löwe passt immer, egal ob als Zweithund, Deckpartner oder Besitzer. Gut passen würden aber auch Widder oder Schütze. Dein Hund kann sich ebenfalls gut mit Zwillingen- und Waage-Typen arrangieren. Deren leichte, luftige Lebensart beeindruckt ihn sehr. Dieser Einfluss ist nützlich, um seine Kapriolen einigermaßen unter Kontrolle zu bekommen. Obwohl der Wassermann-Hund sehr verträglich ist, zählen Fische oder Stiere nicht zu seinen allerbesten Freunden.

Erfüll ihm seine Urlaubsträume

Dein Wassermann-Hund sucht Abenteuer und fühlt sich in der Wildnis am wohlsten. Norwegens Lofoten oder die Nationalparks Alaskas lassen sein Herz höher schlagen. Aber auch quirlige Metropolen wie Mallorca oder Paris finden seinen Zuspruch.
Für einen gemütlichen Urlaub auf dem Bauernhof ist er nicht wirklich zu begeistern. Wenn möglich, verreist du immer mit deiner gesamten Familie. Je größer die Gruppe und je mehr Freunde er um sich hat, desto wohler fühlt sich dein Hund. Solltest du dieses Jahr keine Zeit für einen langen Urlaub haben, überraschst du deinen Hund

mit einem Besuch in einem Hunde-Freizeitpark, damit machst du ihm eine große Freude.

Sobald dein Wassermann-Hund aus dem Flegelalter heraus und etwas ruhiger geworden ist, solltest du dir und ihm etwas ganz Besonderes gönnen: Ein luxuriöses Wochenende in einem Fünf Sterne Hotel. Das habt ihr euch beide wirklich verdient.

Das hält ihn fit und gesund

Bei den Luftzeichen spielen Fette eine primäre Rolle. Dein Hund wird fettes Essen also besonders gern oder überhaupt nicht mögen. Du wirst es daran sehen, ob er fette Fleischstücke im Napf zurücklässt oder nicht. Sollte er kein Fett fressen, wird er kaum Figurprobleme bekommen.

Wenn er es mag, kannst du ihm zum Schlankbleiben viel gedünstete Artischocken, Zucchini oder Romanesco mitfüttern. Diese Blütengemüse sind leicht verdaulich und sorgen für ein gesundes Gleichgewicht bei den Stoffwechselvorgängen im Körper.

Seine sensibelsten Körperzonen

Seine Unterschenkel, Gelenke und Achillessehnen sollten nicht übermäßig belastet werden. Scheue dich nicht, diese Körperzonen mit einer elastischen Binde zu stabilisieren, besonders wenn dein Hund zu den Windhunden gehört. Stütze diese Körperzonen spätestens, wenn er einen unsicheren Gang zeigt und wie auf Eiern läuft. Er wird sich nicht dagegen wehren. Denn was deinem Hund guttut lässt er sich gern gefallen.

Harmonie der Sinne

Die gelbe Farbe des Wassermannes gibt seinem Leben einen Hauch von Leichtigkeit, alles erscheint ihm einfach. Allerdings hemmt Gelb auch die Durchblutung! In dem Fall hilft Rot in der Umgebung und in der Nahrung, um seine Gefäße zu erweitern.

Ist dein Hund schon etwas älter, solltest du seine Blutwerte regelmäßig beobachten. Mit einer Entschlackungskur und vielen gelben Lebensmitteln kannst du Leber, Darm und Nieren entlasten.

Das Temperament deines Hundes kannst du etwas neutralisieren, indem du Blau zur primären Farbe in seinem Lebensbereich machst. Blaue Möbel, Tapeten, Kissen oder Hundeleine – alles ist erlaubt.

Wellness für alle Hunde an Wassermann-Tagen

- ✓ Besonders wohltuend sind jetzt Therapien, bei denen die Atemwege stimuliert werden. Leg ein dezentes Kräuterkissen unter den Schlafplatz deines Hundes oder stell eine Duftlampe auf.
- ✓ Dehnübungen, wie »Streck dich« oder Slalomlaufen durch deine Beine, sind besonders effektiv.
- ✓ Falls du in der Nähe eines Gewässers lebst, lass deinen Hund heute Wassertreten. Laufe (nicht rennen) mit ihm am Ufer entlang. Das Wasser sollte etwa kniehoch für ihn sein, dann hat er echten Spaß an der Sache.

✓ Reiztherapien wie Reiki, Akupressur oder Massagen sind an Wassermann-Tagen besonders heilsam.

✓ Bei Operationen während des abnehmenden Wassermann-Mondes entstehen fast keine Narben.

✗ Hohe Sprünge und Sportarten, die Druck auf die Knöchel oder Sprunggelenke ausüben, solltest du an diesen Tagen vermeiden.

✗ Vermeide auch Operationen der Gelenke, Achillessehne und Unterschenkel.

Fische-Hunde

20. Februar bis 20. März

Herz und Seele deines Fische-Hundes

Körperteil: Pfoten, Krallen
Element: Wasser
Planet: Neptun
Witterung: Wassertage
Gesundheit: Sehr empfindsam und mimosenhaft
Zugeordnetes Organ: Nerven
Stärken: Selbstlos, sensitiv, liebevoll, freundlich, anpassungsfähig
Schwächen: Empfindlich, bestechlich, willensschwach, unsicher
Talente: Schlafen, schlafen und nochmals schlafen
Freunde: Krebs, Skorpion, Stier, Jungfrau, Steinbock
Gegner: Widder, Löwe, Schütze, Waage, Wassermann, Zwillinge

Sein Lebensmotto

Einmal im Leben möchte ich den Weltrekord im Vielschlafen erringen.

Sein Charakter

Fische-Hunde sind ausgeglichene, liebenswerte Haustiere, die gern in stiller Umgebung leben. Sie tun alles, um ihren Besitzern Freude zu bereiten. Ihr liebevoller Charakter beschert ihnen unbegrenzte Sympathien, Lob und Leckereien. Von diesem göttlichen Hund kannst du lernen zu entspannen und deine Seele baumeln zu lassen.

Was ihn zum Juwel macht

Dein Fische-Hund ist auf dieser Welt, um dir bedingungslose Liebe und Herzenswärme zu schenken. Er lebt in seiner eigenen kleinen Phantasiewelt und braucht eine tiefe seelische Verbundenheit zu dir, um wirklich glücklich zu sein.
Auf die Gesellschaft von Familienmitgliedern oder Artgenossen legt er nicht besonders viel Wert. Damit wird dieser typische Ein-Personen-Hund zum perfekten Begleiter für alleinstehende Menschen.

Gebt mir Schwimmflossen

Im Gegensatz zu den meisten anderen Hunden, braucht dein Fische-Hund keinen großen Garten; er will nur in Wassernähe leben. Ohne das nasse Element in seiner Nähe ist er traurig und verzweifelt. Er liebt das Wasser, es ist sein Lebenselixier. Schwimmen beruhigt ihn, nass zu sein macht ihn glücklich. Besonders extrem wird es, wenn er zu den typischen Wasserhunden wie Retriever, Neufundländer oder Spaniel gehört.
Solltest du nicht an der Küste leben, keinen Fluss in der Nähe haben und keinen Gartenteich besitzen, wirst du wohl oder übel ein paar Zugeständnisse machen müssen. Denn dein Fische-Hund wird jauchzend mit dir in die Wanne springen oder sich zu dir unter die Dusche legen. Er wird bei Regen heulend an der Tür sitzen, weil er hinaus will und er wird aufgeregt in jede Pfütze tapsen. Versuch nicht, ihn zurückzuhalten.
Finde dich damit ab, dass dein Haus ewig voller Wasserlachen und Pfotenabdrücken sein wird, kauf dir Ölzeug und gewöhn dich an Spaziergänge im Regen. Wasser lässt deinen Fische-Hund aufblühen und erstrahlen. Es

fördert seine besten Eigenschaften, macht ihn ausgeglichen und friedlich. Trockene heiße Sommertage ohne Wasser machen ihn ungeduldig und zappelig. Dann weiß er nicht so recht, was mit sich anzufangen und wird dir ständig zwischen deinen Füßen herumtanzen.
An diesen Tagen kommen seine negativen Eigenschaften zum Ausdruck. Seine Seele macht dann unvorhersehbare Gefühlssprünge, seine Stimmungen ändern sich wie Ebbe und Flut. Gerade noch liebevoll und verträumt auf seiner Decke liegend, wird er im nächsten Moment dynamisch und nervend. Dann weiß er nicht, ob er gehen oder bleiben, schlafen oder spielen soll.
Dein Fische-Hund ist ein wirklich guter Hund und macht alles, um dich zu erfreuen. Aber in Zeiten seiner Unbeständigkeit kann er manchmal anstrengend sein.

Friede, Freude, Eierkuchen ...
Dein vierbeiniger Freund wird alles tun, um dein Leben zu bereichern und deine Seele zu erfreuen. Bereitwillig würde er sein Futter und sein Bett mit dir teilen, wenn er dich damit glücklich machen kann. Aus Liebe zu dir ist er sogar zu regelmäßigen Landspaziergängen bereit. Denn im Gegenteil zu anderen Hunden, springt er nicht ekstatisch in die Höhe, sobald du seine Leine in die Hand nimmst.
Normalerweise verkriecht er sich lieber unter dem Sofa und träumt von seinem Hunde-Nirvana. Neben Schwimmen ist Schlafen die zweitwichtigste Betätigung in seinem Leben. Schlafen ist Balsam, Seelenfrieden und Religion für ihn.
Trotz seiner milden Schwächen ist dein Freund ein sehr sensibler und mitfühlender Hund. Er will stets in deiner Nähe sein und folgt dir wie ein Schatten. Intuitiv spürt er, wenn du traurig oder sogar unglücklich bist. Dann ku-

schelt er sich ganz dicht neben dich, schaut dich aus seinen großen Augen teilnahmsvoll an und gibt dir Zuversicht, damit du dich bald wieder besser fühlst.

Esoterische Talente

Kein anderer Hund beeinflusst unser Seelenleben so stark wie der Fische-Hund. Er glaubt, seine Mission besteht darin, alle Seelen vor Täuschung und Verlust zu bewahren.

Sein ausgeglichenes Wesen, seine endlose Geduld und sein göttliches Verständnis wirken wohltuend auf uns Menschen. Diese geistige Größe macht deinen Fische-Hund zum ausgezeichneten Therapiehund. Speziell auf Senioren und kranke Kinder wird seine Anwesenheit heilend und belebend wirken.

Sei offen für diesen spirituellen Lehrer, folge seinem Beispiel. Er wird dir helfen, das Gute in anderen Menschen zu sehen und sogar deinen Widersachern zu vergeben. Dieser tadellose Hund hat kein Interesse an weltlichem Konkurrenz- oder Besitzdenken. Er streitet nicht mit Artgenossen, braucht kein Designerbett und ist mit solider Hausmannskost voll zufrieden.

Ich sehe alles

Auf die Menschenkenntnis deines Fische-Hundes kannst du dich verlassen! Er wird dir immer genau zeigen, wem du vertrauen kannst und von wem du dich fernhalten solltest. Seine telepathischen Antennen können die Gedanken und Absichten anderer Menschen genau erfassen.

Wenn du dir nicht sicher bist, ob du dem neuen Nachbarn im Notfall deinen Wohnungsschlüssel überlassen kannst, beobachte deinen Hund. Geht er dem Nachbarn grundlos aus dem Weg oder knurrt ihn sogar an, dann ist Vorsicht geboten. Wenn er ihn freudig und mit all seinem Charme auf der Straße begrüßt, gehört der Nachbar höchstwahrscheinlich zu den ehrlichen Seelen dieser Welt.

Genauso kann er natürlich auch deine Gedanken und Empfindungen lesen. Er erfasst alle Schwingungen um ihn herum. Je mehr du meditierst und entspannst, desto wohler wird er sich bei dir fühlen.

Dein Fische-Hund ist ein wirklich mystisches Wesen, mit einer Seele so still und tief wie der endlose Ozean.

Was er sich von dir wünscht

- »Wasser zieht mich magisch an. Wenn du ein Hausboot oder eine Yacht besitzt, bist du goldrichtig bei mir! Sollten Deine Ersparnisse dafür nicht reichen, bin ich auch mit einem normalen Haus und einem Gartenteich zufrieden. Hauptsache, ich kann nass werden.«

- »Sorge bitte für dunkle Rollos und blickdichte Gardinen an unseren Schlafzimmerfenstern. Ich bin lichtempfindlich und kann bei Tageslicht oder störenden Straßenlaternen nicht einschlafen.«

- »Ich bin ein Morgenmuffel und das Gleiche erwarte ich von dir! Wenn du zu der Gruppe dieser fürchterlichen Morgengymnastik treibenden Frühaufsteher gehörst, passen wir auf keinen Fall zusammen.«

- »Dinge wie Disziplin, Ordnung und strikte Regeln halte ich für total überflüssig. Ich finde mich in einem unordentlichen Haushalt viel besser zurecht. Je weniger Prinzipien du hast, desto besser. Hauptsache du schenkst mir all deine Aufmerksamkeit und erfüllst alle meine Wünsche.«

- »Am liebsten hätte ich dich ganz für mich allein, ohne viel Familienanhang oder Scharen von Freunden und Sportkameraden.«

- »Ich bin ein Träumer und Idealist. Es wäre phantastisch, wenn du meine friedliche Welt mit liebevollen Massagen, Aromatherapie und vielen Kuschelstunden verschönern könntest.«

Beste Freunde, ärgste Feinde

Am besten harmoniert er mit den beiden anderen Wasserzeichen, Krebs und Skorpion. Alle drei suchen die Nähe des Wassers. Der häusliche Krebs wird ihn nicht mit unnötigen Aktivitäten nerven. Und der Skorpion ist derart fasziniert von seiner Tiefgründigkeit, dass er ihm alle seine Macken gern nachsieht. Alternativ eignen sich auch Steinbock oder Jungfrau. Was gar nicht gutgehen wird, ist ein Zusammenleben mit Widder, Löwe, Zwilling oder Waage.

Erfüll ihm seine Urlaubsträume

Er träumt von Inseln, Fischerdörfern, Dünen und Wasser. Vergiss den Wanderurlaub in den Pyrenäen, dazu ist dein Fische-Hund nicht geboren. Er möchte am Strand unter

Palmen liegen und vom Paradies auf Erden träumen. Schwimmen, Essen, Schlafen, das ist sein idealer Urlaub von der alltäglichen Routine.

Er liebt Fahrten im Auto, mit der Eisenbahn oder im Reisebus. Wenn er groß genug ist, um aus dem Fenster zu schauen, wird er fasziniert die Landschaft betrachten und das Treiben draußen beobachten.

Dein Fische-Hund kann bereits die Anreise zum Urlaubsort richtig genießen. In Verkehrsmitteln ohne Aussicht fühlt er sich eingesperrt und bekommt Panik. Urlaubsreisen mit dem Flugzeug vermeidest du am besten, um deinem Schatz diesen Stress zu ersparen.

Das hält ihn fit und gesund

Die beste Nahrung für deinen Fische-Hund besteht aus ganz viel grünem Blattgemüse, frischen Kräutern, Sprossen, Meeresfrüchten und Hüttenkäse.

Achte darauf, dass dein Hund ausreichend trinkt, um sein Lymphsystem in Takt zu halten und den Wasserhaushalt in seinem Körper zu regulieren. Ein Entschlackungstag mit Brennessel- oder Ingwertee tut ihm gut, um seine Körperflüssigkeiten in Balance zu halten. Füttere weniger Reis als Basisnahrung (der speichert das Wasser im Körper), dafür mehr Haferflocken.

Seine sensibelsten Körperzonen

Er hat keine größeren Gebrechen. Schwachstellen sind seine Pfoten und Krallen. Bei manchen Hunden sind auch die Knöchel etwas sensibel. Dabei scheinen Mischlingshunde im Allgemeinen weniger betroffen zu sein.

Vermeide langes Gehen auf Asphalt. Lass deinen Hund lieber auf Wiesen, Sand und Feldwegen laufen.
Halte seine Pfoten, speziell im Winter, mit Ringelblumensalbe geschmeidig. Gewöhne ihn frühzeitig ans Krallenschneiden. Sollte dein Hund bereits hysterisch auf die Krallenzange reagieren, kannst du ihn mit Clicker und Leckerlies ganz leicht zähmen.

Harmonie der Sinne

Wir alle wissen, dass Blau beruhigend und einschläfernd wirkt. Kein Wunder also, dass dein Fische-Hund ein erhöhtes Ruhebedürfnis hat. Wenn du ihn aufmuntern willst, hilft die Farbe Orange in seiner Umgebung als Gegenmittel. Orangefarbene Rollos, Kissen oder Hundejacken könnten helfen, ihn zu aktivieren.
Wenn es dir steht, trage auch orange oder lachsfarbene Kleidungsstücke. Orangefarbene Lebensmittel werden die Durchblutung deines Hundes fördern und damit seine Lebensgeister anregen. Karotten, Papaya oder Kürbis sind gut geeignet, um seine Motivation und Ausdauer zu steigern.

Wellness für alle Hunde an Fische-Tagen

- ✓ Alle Körpermeridiane enden in den Pfoten deines Hundes. Sanftes Kneten und Drücken der Pfoten wirkt in diesen Tagen besonders anregend auf die inneren Organe und sein Nervenkostüm. Wenn dein Hund darauf zickig reagiert, halte erst einmal Pfote für Pfote einfach nur in deiner Hand, bis er sich an die Berührung gewöhnt hat. Danach machst du mit ruhigen Streich- oder Kreismassagen weiter, bis du die Pfoten leicht drücken kannst.

- ✓ Maßnahmen, die die Körperflüssigkeiten anregen, sind nun besonders wirkungsvoll. Dazu zählen Massagen, Kräutertees oder einfach nur eine Wärmflasche auf seinem Schlafplatz.

- ✓ Wassertreten, Schwimmen oder auch Sitzbäder wirken bei zunehmendem Mond stärkend und aufbauend.

- ✓ Bei abnehmendem Mond sind Entschlackungs- und Schlankheitskuren sehr erfolgreich.

- ✓ Wenn du heute meditierst, wird dein Hund dir gern Gesellschaft leisten und in der Stille selbst neue Kraft tanken.

- ✗ Diese Tage haben auch auf Hunde einen entspannenden Einfluss. Lass ihn jetzt keine Prüfungen ablegen, er könnte zu träge sein und versagen.

- ✗ Nervliche Aufregungen aller Art, wie Umzug oder Partys sind jetzt nicht zu empfehlen.

- ✗ Vermeide das Krallenschneiden, die empfindsamen Pfoten deines Hundes regieren jetzt zu sensibel auf diese ungeliebte Prozedur.

Antje Hebel
arbeitet seit über 25 Jahren als Hundepsychologin und Hunde-Ernährungsberaterin mit Problemhunden. Heute hilft sie Hundebesitzern, das Verhalten ihres Hundes innerhalb von 3 Monaten effektiv zu verbessern, ohne Strafe oder teure Hilfsmittel.

Die Autorin und Hundepsychologin hat 15 Jahre auf Bali gelebt und dort im Tierschutz gearbeitet, um Strassenhunden zu einem würdigen Leben zu verhelfen. Aus diesen lebensnahen Erfahrungen und ihrer Ausbildung zur Aggressions-Therapeutin in den USA hat sie ihre Therapiemethode CaniKo® entwickelt.

Damit konnte sie schon über 8000 Hundebesitzern wieder zu einem entspannten Leben mit ihrem (Problem)-Hund verhelfen.
Antje Hebel therapiert Hunde vor Ort in Zwickau und über Online-Beratungen. Sie gibt Vorträge, Seminare und Weiterbildungen für Hundetrainer, die CaniKo® in ihr Programm aufnehmen möchten.

Hunde-Hautkrankheiten ganz natürlich heilen

Die Neem-Kokos-Kräuter-Kur unterstützt nachhaltig die Heilung von Demodex-Milben, Allergien, Ekzemen und anderen Hunde-Hautkrankheiten auf ganz natürliche Art, ohne Chemiekeule.

Die Kur ist einfach anzuwenden. Die Kräuter schmecken sogar verwöhnten Hunden. Resultate bei deinem Hund können sein:

o Weniger Juckreiz
o Haare wachsen wieder
o Schuppenbildung nimmt ab
o Allergische Reaktionen lassen nach
o Ekzeme heilen schneller
o Hautmilben werden reduziert

Die Kräuterkur ist erfolgreich bei 99% der behandelten Hunde. Hier gleich bestellen: **https://t1p.de/Hunde-Hautkur**